발행일 | 초판 1쇄 2012. 6. 1

지은이 | 박 준
펴낸이 | 임후남
편 집 | 여지영, 이선일
마케팅 | 박진성
관 리 | 김주리

디자인 | 애드디자인
인 쇄 | (주)코리아프린테크

펴낸곳 | 생각을담는집
주 소 | 서울시 양천구 목동 917-9 현대41타워 3903
전 화 | 편집 070-8274-8587 영업 02-2168-3787
팩 스 | 02-2168-3786
전자우편 | mindprinting@hanmail.net

ⓒ2012 박준, Printed in Seoul, Korea
이 책의 판권은 지은이와 생각을담는집에 있습니다.
양측의 서면 동의 없는 무단 전재 및 복제를 금합니다.
이 책은 삼성출판사의 《네 멋대로 행복하라》의 개정판입니다.

978-89-94981-24-6 13980

뉴욕, 뉴요커

NEW YORK

| 박준 지음 |

:: Prologue

우리는 왜 뉴욕을 꿈꾸는 걸까?

자유의 여신상과 뮤지컬을 보고 엠파이어스테이트 빌딩에 오르기 위해? 티파니에서 쇼핑을 하고 록펠러 센터 앞에서 스케이트를 타기 위해? 또는 〈섹스 앤 더 시티〉의 캐리처럼 힐을 신고 맨해튼 거리를 활보하기 위해? 하지만 자유의 여신상과 뮤지컬을 보고, 5번가에서 쇼핑을 하고, 엠파이어스테이트 빌딩에 올라가는 것만으로 뉴욕의 진짜 모습을 볼 수 있을까?

타임스 스퀘어는 관광객이라면 누구나 가 보고 싶어 한다. TV나 영화 속의 뉴욕은 얼핏 타임스 스퀘어처럼 화려하다. 하지만 수많은 차들과 소음이 정신을 쏙 빼놓고, 거대한 광고판의 홍수 속에서 관광객만 들끓는 거리가 타임스 스퀘어다. 언젠가 〈타임 아웃 뉴욕 Time Out New York〉이란 주간지가 '뉴요커를 구별하는 118가지 항목'이란 기사에서 '진짜 뉴요커가 단 한 번만 해 보는 일들'을 꼽은 적이 있다. 그중에는 록펠러 센터 트리 점등식에 가서 인파에 치이기, 자유의 여신상에 가는 페리 타기, 크리스마스 직전에 메이시 백화점 가기, 핼러윈 퍼레이드 구경 가서 좋은 자리 차지하기 등이 있다.

뉴욕은 얼핏 마놀로 블라닉 구두처럼 예쁘게만 보인다. 하지만 예쁜 뉴욕은 뉴욕의 수많은 얼굴 중 하나일 뿐이다. 〈섹스 앤 더 시티〉의 주인공처럼 코즈모폴리턴을 마시며 섹시한 수다를 떨기 위해선 한 달에 돈을 어느 정도 벌어야 할까? 캐리가 사는 아파트 렌트비는 대충 3,000달러 정도다. 쿨하게 산다는 뉴요커들은 매달 렌트비 내느라 허리가 휜다. 영화〈악마는 프라다를 입는다〉에서 주인공은 취직을 축하하며 건배하며 이렇게 말한다.
"Jobs pays rent!(일을 해야 렌트비를 내지!)"

뉴욕에 와 보지 않은 사람도 뉴욕의 먹을거리 하면 흔히 베이글과 커피를 떠올린다. 하지만 아침에 델리에서 파는 베이글과 커피를 먹어 보면 난 이런 생각이 든다. '음, 이게 음식이란 말이지?' 갓 구운 맛있는 베이글을 내주는 가게가 몇 곳 있기는 하지만, 보통 델리의 베이글과 커피 맛은 최악이다. 어떤 사람은 "뉴욕의 '오리지널 스타벅스'에서 마시던 커피가 그립다."고 말한다. "뉴욕 스타벅스 커피는 한국 스타벅스와 다르다!" 하는 말도 빼먹지 않는다. 그러나 뉴욕이건 서울이건 스타벅스는 비슷하다. 관광객은 뉴욕 곳곳에 숨어 있는 근사한 카페를 찾기 어려우니 그저 익숙한 스타벅스를 찾는다. 베이글을 먹고 스타벅스를 찾는 거야 어쩔 수 없다 해도, 뉴욕의 매력을 스타벅스니 베이글이니 하고 말하는 건 우습다. 누군가 스타벅스를 뉴욕의 매력으로 기억한다면 그는 충실히 관광객의 동선에 머물렀을 뿐이다. 기계적이고 경험복제적인 그 동선에서 벗어날 때 진짜 뉴욕 여행은 시작된다.

뉴욕 여행법은 모두가 다르다. 혼자 걸어 다니며 뉴욕을 볼 수도 있고, 관광객을 위한 빨간색 이층 버스를 타고 뉴욕을 볼 수도 있다. 따뜻한 햇살을 받으며 이층 버스에서 바라보는 뉴욕은 영화 속의 뉴욕과 크게 다르지 않을 것이다. 하지만 그건 뉴욕의 표피일 뿐이다. 이층버스 안에서 당신은 이곳에 사는 사람들, 뉴요커는 한 사람도 만나지 못할 것이다. 뉴욕에 와서 사람들과 만나지 않거나 이야기해 보지 않고서는 뉴욕에 대해 알 수 있는 건 하나도 없는지도 모른다. 진짜 뉴욕은 이층버스나 가이드북 바깥에 있다.

뉴욕에서 만난 한 친구는 "한국에 갔을 때 한 가지 인종만 보인다는 사실이 아주 이상했다."고 했다. 반대로 나는 뉴욕에서 정말 다양한 인종의 사람들이 존재한다는 걸 느낄 때마다 기분이 묘하다. 몇 년 전 처음 뉴욕에 왔을 때는 지금처럼 그들을 의식하지 않았던 것 같다. 그때도 분명 내 주변에는 다양한 인종의 사람들이 있었지만 그들과 나 사이에는 아예 어떤 간극(그들은 나와 상관없는 사람들이란 식의 어떤 갭)이 있었다. 몇 년이 지나고 다시 뉴욕에서 지내는 동안 그 간극이 줄어들면서 전과 다르게 사람들이 나와 같은 공간에서 숨 쉬고 있다는 걸 새삼 느끼게 되었다. 뉴욕의 관광지가 아니라 뉴욕에 사는 사람들이 보이기 시작하면서 여행은 새로운 국면을 맞았다. 진짜 뉴욕을 보기 시작한 것이다.

시도 때도 없이 멈춰 서는 지하철처럼 뉴욕은 변덕스럽다. 게다가 변덕의 진폭도 크다. 그런 변덕에 익숙해져서인지 지하철이 어두운 터널 한가운데 멈춰 선 채, 심지어 안내 방송조차 하지 않아도 사람들은 동요하지 않는다. 쥐가 눈앞에서 돌아다닐 정도로 뉴욕 지하철은 더럽다. 그러나 갖가지 인종이 고루 뒤섞인 지하철은 항상 강렬하다. 빨주노초파남보 무지개 컬러까지는 아니어도 서울 지하철처럼 한 가지 컬러의 피부가 전부인 곳과는 차원이 다르다. 뉴욕 지하철 안에 흐르는 특별한 공기는 사람들 피부색 때문이 아니다. 자기가 태어난 나라를 떠나 낯선 도시에서 살아내고자 하는 그들이 온몸으로 발산하는 뜨거운 에너지가 나를 자극하기 때문이다.

제 삶을 온전히 선택한 뉴요커들이 뉴욕의 매력을 만든다면, 뉴욕이란 도시는 뉴요커들이 치열하게 살아가도록 끊임없이 자극한다. 뉴욕은 자기 나라에서는 환영받지 못하던 온갖 이방인들을 있는 모습 그대로 받아들인다. 뉴욕의 품안에서 이방인들은 도전하고, 시련을 겪고, 목표를 이룬다. 뉴요커는 관대할 수밖에 없다. 자신을 무조건 안아주던 뉴욕을 기억하기 때문이다. 내가 느낀 뉴욕의 특별한 에너지를, 내가 만난 뉴요커 이야기를 이제 당신에게 전한다.

박준

:: CONTENTS

#1 뉴욕

소호에서 첼시까지	012
극단의 파격, 미트패킹	020
윌리엄스버그 산책	028
제2의 소호, 덤보	040
놀이터 같은 미술관, P.S.1	048
뉴욕이 재미있는 이유	056
브라보, 아름다운 인생이여!	070

#2 뉴요커

주먹 불끈 쥐고, 여기 샌드위치 하나! 페이 류	094
당신도 일주일 만에 뉴요커가 될 거야 브라이언 루리	110
타마코, 고옥숙, 오쑥코 타마코 오카무라	124
로마보다 자극적인, 런던보다 관대한 스티브 부처와 안나 코젠티노	146
마놀로 블라닉 구두를 가진 여자는 거의 없다 알렉산드라 슈스	164
뉴욕에는 리얼 라이프가 있다 로이드 맥닐	184
뉴욕에 안 왔으면 죽었을 거예요 마종일	206
뉴욕 스타일의 거친 경쟁이 좋다 린 댕	226
내가 나일 수 있는 곳 정명주	240
창밖이 맨해튼인데 어떻게 잠을 자겠어? 브라이언 밀러	258
난 할렘이 좋아요 임산아	278
마흔에 후회하지 않기 위해 메리 홀먼	298
이방인으로 사는 게 좋다 김정	314

#1 뉴욕, 뉴요커

록펠러 센터 전망대 'Top of the Rock'에서 바라본 맨해튼 전경

세계의 중심이라는 맨해튼은 고작 동서 3.2킬로미터, 남북 21킬로미터의 아주 작은 섬이다. 크기만으로 본다면 미국 안에서 한낱 점 같은 도시에 불과하지만 그 작은 땅에 업타운, 미드타운, 다운타운, 이스트빌리지, 그리니치빌리지, 로어 이스트사이드 등 여러 개성을 가진 지역이 있다. 그중에서도 첼시와 미트패킹 지역은 뉴욕이란 도시의 속성을 단적으로 보여 준다. 첼시는 뉴욕이란 도시가 변해가는 모습을 전형적으로 보여 주는 동시에 세계 현대 미술의 중심이라는 점에서, 미트패킹 지역은 극단적인 파격을 보여 준다는 점에서 '세상에서 넘버원 시티, 뉴욕'을 말해 준다.

소호에서 첼시까지

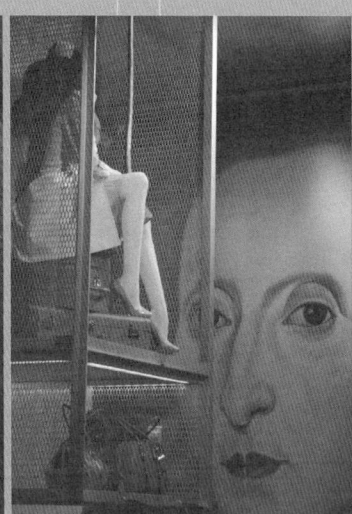

소호는 지난 수십 년간 세계 현대 미술의 중심지였다. 하지만 소호 구겐하임 미술관 건물을 차지하고 들어선 프라다 매장은 명품 쇼핑가로 변화한 소호의 모습을 단적으로 보여 준다.

부동산을 좌우하는 예술가들

　　　　　　　　오래전 처음 뉴욕에 왔을 때 소호는 이름만으로 설레던 곳이었다. 내 상상 속의 소호는 뉴욕의 어느 곳보다 낭만적인 장소였다. 소호에 오면 항상 프라다 매장 건너편에 있는 '딘 앤 델루카'에 들렀다. 바Bar에 팔꿈치를 기대고 서서 유리창 너머 거리를 지나는 사람을 바라보며 커피를 마시는 일은 꽤 근사하게 느껴졌다. 커피를 마시다 조금 출출하다 싶어 치즈케이크를 한 조각 주문하고 있으면 백남준 선생의 부인인 구보타 시게코 여사가 내 옆을 스쳐 지나가곤 했다. 딘 앤 델루카를 나와 소호의 뒷골목을 산책할 때는 휠체어를 탄 백남준 선생과 마주치기도 했다. 그의 작업실이 바로 소호의 설리번 거리에 있었기 때문이다.

　　소호는 지난 수십 년간 세계 현대 미술의 중심지였다. 하지만 소호 구겐하임 미술관 건물을 차지하고 들어선 프라다 매장은 명품 쇼핑가로 변화한 소호의 모습을 단적으로 보여 준다.

　　사실 소호는 60년대까지만 해도 철거되기 직전의 공업 지역이었다. 주철로 만든 소호의 건물들은 높은 천장과 넓은 실내 공간을 갖고 있었고, 낙후된 공업 지역이란 이유로 임대료가 저렴했다. 가난한 아티스트들이 집단적으로 모여들면서 소호는 전환점을 맞았다. 아티스트들이 만들어 낸 힙한 분위기는 점점 더 많은 사람을 소호로 불러들였고, 점차 이들을 대상으로 하는 레스토랑이나 숍이 늘어나면서 임대료가 폭등했다. 그 결과 아티스트들과 갤러리는 쫓겨나고, 부동산 업자들과 부자들이 소호를 차지했다.

카센터 옆 갤러리

소호를 떠난 갤러리들이 모여든 곳은 소호에서 3킬로미터 정도 떨어진 첼시. 기차가 다니는 낡은 철교 밑으로 카센터와 창고가 밀집한 지역이다. 10년 전 처음 첼시에 왔을 때다. 거리는 카센터의 소음이나 여기저기서 들려오는 트럭 엔진 소리를 제외하면 비교적 조용했다. 삭막하다고 느꼈을 정도다. 하지만 그때 이미 첼시는 세계 현대 미술의 심장이었다. 그런데 거리의 첫인상은 보잘 것 없다. 왜냐하면 세계 현대 미술의 심장이란 표현에 맞지 않게 첼시에서 눈에 두드러지는 것은 주유소와 창고 건물, 그리고 카센터이기 때문이다. 세계 현대 미술의 심장부에 있다는 갤러리 문을 나서면 바로 길 건너편에는 기름 때 묻은 토시를 낀 흑인들이 서 있었다. 그때만 해도 나는 '갤러리는 어때야 한다'는 선입견을 갖고 있었다.

원래 첼시는 육류 포장 지역으로 창고가 많은 곳이었다. 그러나 거리 곳곳에 갤러리가 하나 둘 들어서기 시작하면서 거리 하나를 가운데 두고 한쪽은 후줄근한 카센터, 다른 한쪽은 뉴욕 최고의 갤러리라는 진풍경이 벌어졌다. 빌딩 전체에 수십여 개의 갤러리가 입주한 '갤러리 빌딩'도 적지 않다. 공장, 창고 등을 개조한 첼시 갤러리들의 겉모습은 볼품없기 십

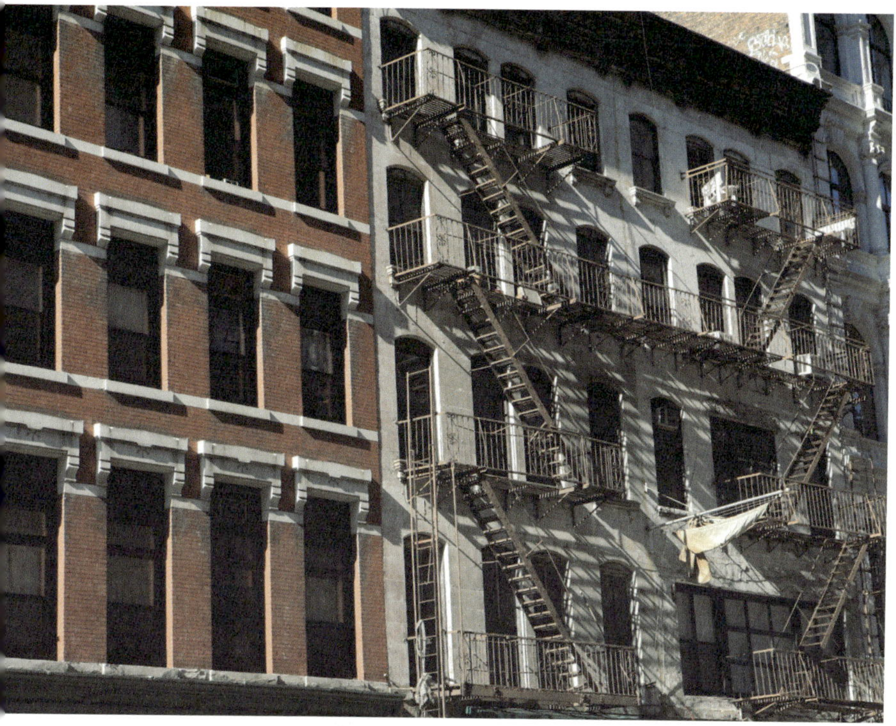

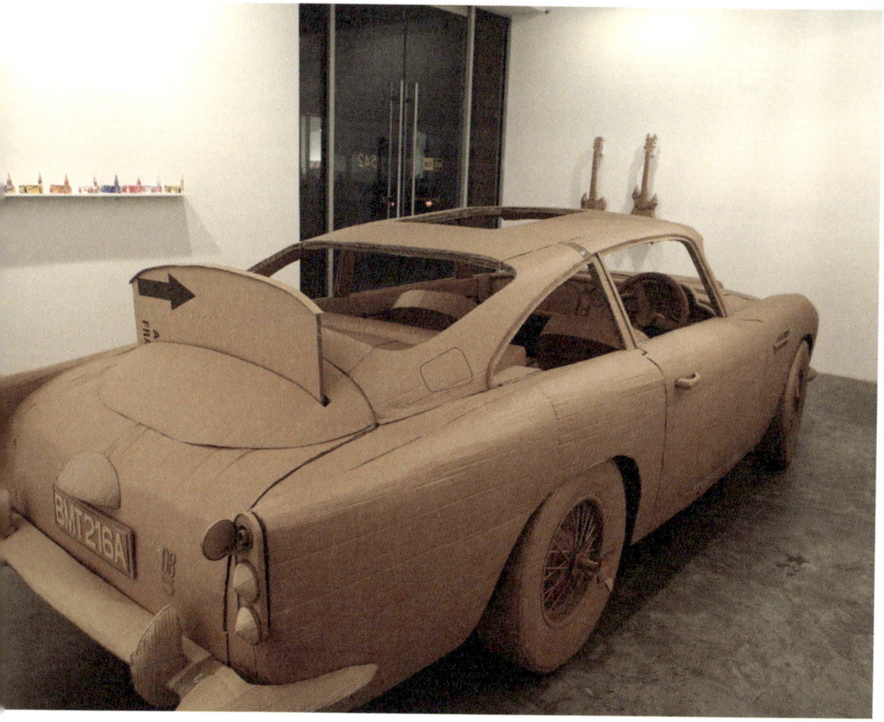
BMT216A

상이다. 하지만 일단 갤러리 문을 밀고 안으로 들어서면 낡은 창고 바닥이나 천장의 철골 구조 등을 이용한 세련되고 모던한 인테리어에 탄성이 터져 나온다. 첼시를 돌아보면서 내 시선은 벽에 걸린 작품보다 자꾸만 천장이나 바닥 등을 살피게 된다.

과거에 아티스트와 갤러리는 모두 맨해튼에 모여 있었다. 하지만 이제는 첼시, 윌리엄스버그, 덤보, 롱아일랜드 시티, 브롱스 등 도시 전역으로 고르게 확산 중이다. 그중에서도 첼시는 뉴욕 미술의 트렌드인 '다양성'을 가장 잘 보여 준다. 하지만 첼시도 명품 매장에 점령당한 소호의 전철을 답습하는 것일까. 소호를 잇는 갤러리 지역이 된 이곳에도 이미 최첨단의 디스플레이를 과시하는 럭셔리 브랜드 매장이 들어섰다. 럭셔리 콘도미니엄도 첼시 곳곳에 들어서 후줄근한 거리의 표정을 바꾸기 시작했다. 쿨해진 주거 환경을 좇아 여피족이 모여든다. 렌트비는 상승하고 돈 없는 아티스트와 가난한 갤러리는 첼시에서 쫓겨난다. 이러니 세상에서 제일 비싼 뉴욕의 부동산 가격을 좌지우지하는 건 뉴욕의 가난한 아티스트들이란 얘기가 나온다.

집으로 돌아가는 길, 낡은 철교에 빌보드 하나가 보인다. 파리 출생 아티스트인 '패트릭 밈란Patrick Mimran'의 빌보드 프로젝트 중 하나다. 작품이라곤 하지만 '다른 사람을 즐겁게 하지 못하면 당신이라도 즐겁게 살아' 하는 식으로 빌보드에 쓴 문장 하나가 전부다. 다른 사람들이 나를 인정하지 않으면……. 그래, 내가 인정하면 되지, 그렇고말고. 피식 웃음이 나온다.

첼시 가는 길에 들를 곳이 하나 더 있다. 첼시의 랜드마크 같은 곳, 1884

년에 지은 첼시 호텔이 그곳이다. 영화 〈나인 하프 위크〉의 배경이었으며, 아방가르드적 비전을 갖고 당대를 풍미한 수많은 예술가들의 흔적이 남아 있는 곳이다. 첼시 호텔 로비에 앉아 있으면 《On the Road》를 쓴 잭 케루악이나 《마지막 잎새》를 쓰고 있는 오 헨리가 저 앞에서 걸어 나올 것 같다. 예나 지금이나 강박과도 같은 예술적인 기운이 첼시를 지배하는 것 같다.

낡은 철교의 빌보드.
'다른 사람을 즐겁게 하지 못하면
당신이라도 즐겁게 살아'
다른 사람들이 나를 인정하지 않으면
내가 인정하면 되지, 그렇고 말고.

극단의 파격, 미트패킹

한쪽에서는 피 묻은 에이프런을 입은 인부들이 핏빛 선연한 고깃덩어리를 하나씩 메고 거리를 활보하고 다른 한쪽에서는 '스텔라 매카트니'나 '알렉산더 매퀸' 같은 세계 최고의 디자이너 숍이 즐비하다. 이곳이 바로 파격 위에 파격을 더한 미트패킹 이다.

도축장과 클럽 사이

첼시에서 남쪽으로 15분 정도 걸어 내려오면 미트패킹 지역Meatpacking District이다. 뉴욕에서 가장 뜨겁고 힙한 거리 중 하나다. 말 그대로 '육류 포장 지역' 정도로 해석할 수 있다. 하지만 'hip'과 'Meat Packing'이란 단어는 전혀 어울리지 않는 조합 아닌가. 이질적인 두 단어가 충돌하듯 뉴욕에서 가장 힙하다는 이곳에선 피 묻은 에이프런을 입은 인부들이 양쪽 어깨에 핏빛 선연한 고깃덩어리를 하나씩 메고 거리를 활보한다. 청담동이나 신사동 가로수 길에 도축장 인부들이 오가는 풍경을 상상할 수 있을까? 맨해튼의 웨스트사이드 허드슨 거리를 포함해 15번가와 호레이쇼 거리 사이, 미트패킹을 걷다 보면 그런 상상이 고스란히 현실로 드러난다.

1884년 미트패킹 지역에 처음으로 재래시장이 열렸다. 1949년에는 갠스보트 도살장이 문을 열었고 그 후 250개의 도살장이 번성했다. 그런데 몇 년 전부터 패션 디자이너, 그래픽 디자이너, 작가, 건축가, 아티스트, 사진가 등이 몰려들기 시작하면서 미트패킹 지역은 새로운 국면을 맞는다. 여전히 고기 썩는 듯한 시궁창 냄새가 사방에서 진동하는 거리 곳곳에는 '스텔라 매카트니'나 '알렉산더 매퀸' 같은 세계 최고의 디자이너 숍과 프렌치 레스토랑, 와인 바, 나이트클럽이 성업 중이다.

〈섹스 앤 더 시티〉 덕에 한국에도 널리 알려진 'LOT 61'이나 'APT 479' 같은 클럽, 또 뉴욕의 가장 힙한 멤버십 클럽이라는 '소호 하우스SoHo House'도 미트패킹 지역에 있다. 하지만 무심코 길을 가다간 전혀 눈에 띄지 않을 만큼 자기를 드러내지 않는다. 갠스보트Gansevoort 거리의 카페 '사샤Sascha'의 노천 테이블에 앉아 있으면 관광객을 가득 실은 '뉴욕 TV 영화 투어' 버스가 지나간다. 그만큼 TV나 영화에 자주 등장하는 동네다. 겉으로 얼핏 보아선 좀체 눈에 띄지 않는 나이트클럽들은 밤이 깊어지면서 슬며시 피어난다. 시궁창 옆에 깔린 붉은 카펫을 밟고 클럽 안으로 들어가는 선남선녀들, 입구의 건장한 가드들이 저곳이 클럽이라는 걸 말해줄 뿐이다.

미트패킹의 갤러리 '보헨 파운데이션Bohen Foundation'에서 9 애버뉴 쪽으로 나오면 정면에 부티크 호텔인 갠스보트Hotel Gansevoort가 보이고 호텔 건너편에 '파스티스Pastis'가 있다. 뉴욕을 찾는 관광객이면 한 번쯤 브런치를 먹고 싶어 하는 프렌치 레스토랑이다. 그런데 파스티스 코앞에는 커다란 쓰레기 트럭 짐칸이 방치돼 있다. 파스티스 맞은편만 해도 두 개의 레스토랑이 있는데 그중 하나인 '네로Nero'도 파스티스처럼 길가에 테이블을 세팅해 놓았다. 쓰레기 더미 옆에서 럭셔리 식사라니 괴상하지 않나!

언젠가 〈뉴욕 타임스〉에는 휘트니 미술관이 몇 년 후 미트패킹 지역으로 이주할 거라는 기사가 났다. 뉴욕의 메이저 뮤지엄이 모여 있는 업타운을 떠나 다운타운, 그것도 미트패킹 지역으로 이주해 현재의 두 배 규모로

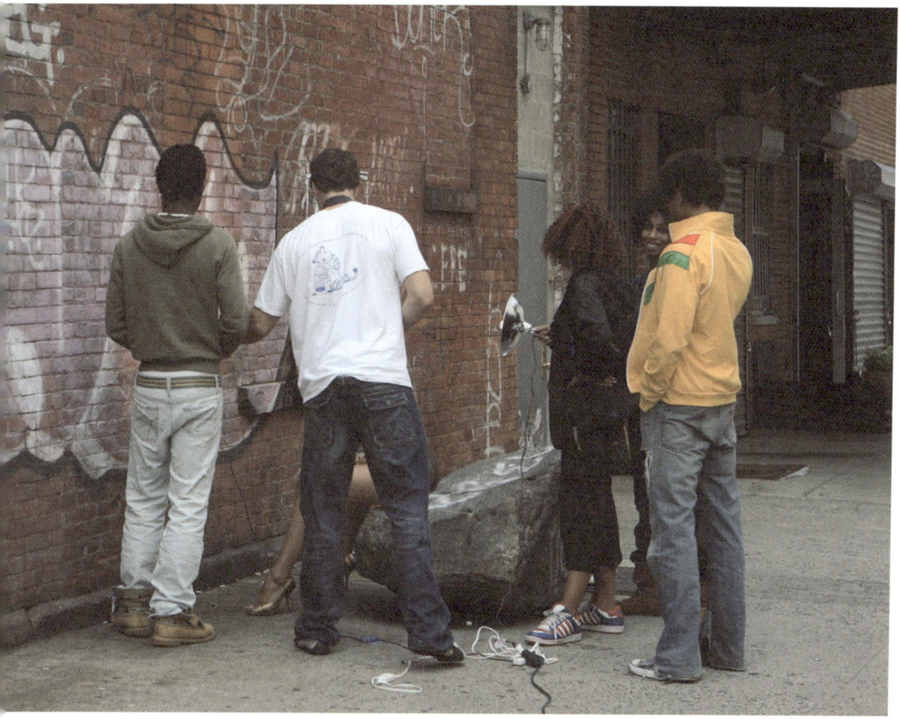

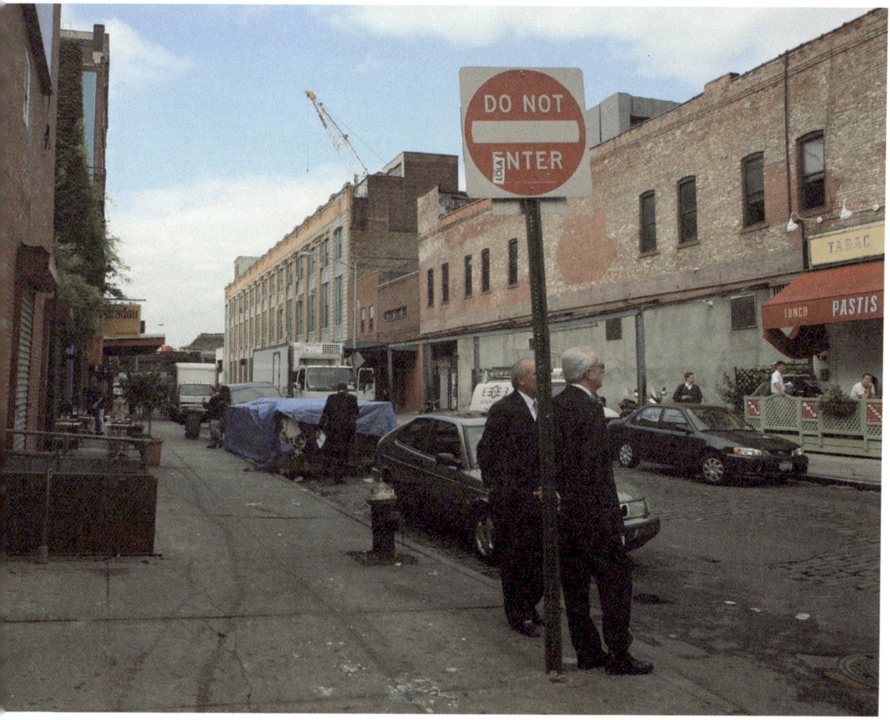
DO NOT
ENTER
TABAC
LUNCH
PASTIS

첼시 마켓, 뉴욕에서 가장
독특한 슈퍼마켓.

미술관을 짓겠다는 것이다. 이건 마치 과천 국립 현대 미술관이 서울 어디 도살장 부근으로 이사한다는 것과 같다. 쓰레기 더미 옆의 럭셔리 레스토랑이나 시궁창 옆에 깔린 붉은 카펫, 부자 동네를 떠나 도살장으로 이주하겠다는 현대 미술관 같은 극단적인 파격이 바로 뉴욕을 말해준다.

음산한 슈퍼마켓, 첼시 마켓

뉴욕에서 가장 독특한 슈퍼마켓, 첼시 마켓은 미트패킹 지역에서 14번가 도로를 건너면 바로 오른쪽에 위치한다. 처음 첼시 마켓에 갔을 때 그 음산한 분위기에 깜짝 놀랐던 기억이 난다. 보통 선풍기보다 열 배는 클 것 같은 커다란 팬, 굵고 긴 파이프 관, 음침한 조명, 벽돌로 쌓은 낡은 벽이 묘했다. 식료품점, 주방용품 가게, 꽃 가게 등이 있어 '슈퍼마켓'이라곤 했지만 사실 적당한 말은 아니다. 종종 뉴욕에서 벌어지는 일들은 우리말로 표현할 수 없는 경우가 많은데 첼시 마켓도 그중 하나다. 첼시 마켓은 100년 이상 창고로 사용된 건물 안에 있다. 1930년대 오레오 쿠키를 만든 식품 회사인 나비스코 본사가 있던 건물인데, 1998년에 지금처럼 '유럽 스타일의 실내 시장'으로 개조되었고 지금은 구불구불한 복도를 따라 양옆으로 25개의 가게가 들어서 있다.

21세기 뉴욕에서 1800년대로 돌아간 듯한 첼시 마켓의 독특한 성격은 100년, 200년 전 본래의 건축 요소들과 현대적인 요소를 병치시킨 데서 비롯된다. 1800년대 석재와 벽돌로 쌓은 내부의 구조는 그대로 보존하고, 낡은 느낌을 강조하기 위해 모래를 분사해 표면을 거칠게 처리했다. 또 100년 이상 된 철골 구조나 배관 장치를 그대로 드러낸 채 가게의 외장은

바닥부터 천장까지 통유리로 마무리해 모던한 느낌을 뒤섞었다. 시간이 지나면서 손상된 흔적마저 고스란히 남아 있어 첼시 마켓 한구석은 금방 무너져 내릴 것만 같다. 아이들이나 좋아할 것 같은 해골 귀신 장식도 보인다. 한편 중앙 홀에서는 매주 블루스, 재즈, 아프리카 쿠바, 아카펠라, 포크, 클래식, 라틴, 듀오, 트리오 등 다양한 장르의 라이브 음악이 연주된다. 게다가 매주 토요일 오후 4시부터 8시까지는 무료 탱고 레슨도 있다. 처음엔 으스스한 분위기에 놀라고, 그다음에는 이런 파격에 놀란다. 여기는 파격 위에 파격이 더해져 상식이라는 게 없을 것 같은 21세기의 새로운 도시, 뉴욕이다.

윌리엄스버그 산책

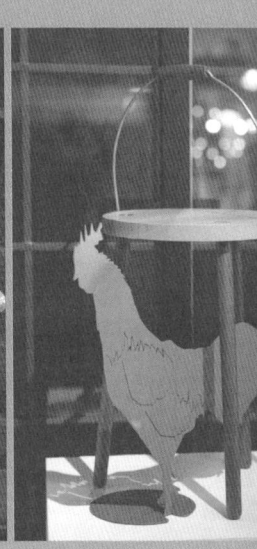

이스트 강 건너편, 브루클린의 윌리엄스버그는 맨해튼과 비교해 야생적인 뉴욕의 모습을 보여준다. 맨해튼도 항상 변화하지만, 변화의 진폭에 있어 윌리엄스버그는 드라마틱하다. 생생한 현재 진행형의 뉴욕이 바로 윌리엄스버그에 있다.

야생의 뉴욕

사람들은 보통 맨해튼만이 뉴욕이라고 생각하지만 뉴욕에는 맨해튼만 있는 게 아니다. 맨해튼이라 불리는 작은 섬을 브루클린, 퀸즈, 브롱스, 스태튼 아일랜드라는 4개의 지역이 둘러싸고 있는데 이 모두를 합쳐 뉴욕이라 부른다.

맨해튼 외곽에는 뉴욕의 또 다른 보석인 브루클린과 퀸즈가 있다. 이스트 강 건너편 브루클린에서 새로 떠오른 두 개의 힙한 지역이 덤보와 윌리엄스버그다. 윌리엄스버그는 맨해튼과 비교해 야생적인 뉴욕의 모습을 보여 주며, 덤보는 뉴욕의 한 지역이 어떻게 변화해 가는지를 역동적으로 보여 준다.

'예술의 도시'라는 수식답게 뉴욕에는 수많은 박물관과 미술관이 있는데, 그 대부분은 맨해튼에 위치한다. 하지만 뉴욕을 만드는 예술적인 풍경은 맨해튼에서만 볼 수 있는 것은 아니다. 맨해튼의 현대미술관 모마 MoMA(The Museum of Modern Art)나 메트로폴리탄 뮤지엄은 이미 검증받은 작품들을 전시하는 곳으로 정제되고 화려한 반면 좀 더 생생한 현재 진행형인 뉴욕의 모습은 이스트 강 건너편에서 펼쳐진다.

맨해튼 유니언 스퀘어에서 L라인을 타고 브루클린 방향으로 세 정거장 가면 윌리엄스버그의 '힙스터 포켓 hipster pocket'이라 불리는 베드퍼드 애버뉴 Bedford Ave.다. 힙스터 포켓은 새롭게 뜬, 최신 유행을 선도하는 지역이란 말이다. '윌리버그', 브루클린 사람들은 윌리엄스버그를 이렇게도 줄여 부른다. 낮에는 빈티지 패션 피플과 카페, 레코드 가게, 서점, 옷가게가 들쑥날쑥 베드퍼드 애버뉴를 차지하다가 매일 밤 클럽이 문을 열면 윌리엄스버그는 또 다른 모습으로 변신한다. 맨해튼도 항상 변화하지만, 변화의 진폭에 있어 윌리엄스버그는 드라마틱하다. 현재 진행 중인 뉴욕이 바로 윌리엄스버그에 있다.

내게 윌리엄스버그는 뉴욕에서 가장 보헤미안적인 거리다. 〈섹스 앤 더 시티〉에 등장해 관광객이 빈번히 찾는 레스토랑 'SEA'나 럭셔리 매장도 있지만 윌리엄스버그의 전체적인 느낌은 캐주얼하고 자유롭다. 그렇다고 낡고 오래된 보헤미안 커뮤니티 느낌만도 아니다. 윌리엄스버그는 활짝 핀 예술의 중심지이기도 하다. 이곳에 거주하는 아티스트가 얼마나 되는지는 알 수 없지만 일반의 상상을 훨씬 넘는 숫자란 것만 짐작할 수 있다. 황폐한 건물들이 새로운 용도로 개조되면서 하루하루 윌리엄스버그의 풍경을 바꾸고 있다. 윌리엄스버그에는 대략 70개가 넘는 갤러리가 있다. 하지만 무심코 거리를 걷다가는 단 하나의 갤러리도 볼 수 없다. 모두 꼭꼭 숨어 있기 때문이다. 존재를 쉽게 드러내지 않는 게 이곳의 트렌드라면 트렌드다.

뉴욕에 머무는 동안 윌리엄스버그에 세 번 갔다. 같은 거리를 돌아보는데도 매번 전혀 다른 장소 같다. 처음 와선 거리만 걷다가 무심한 표정으로 "여기가 뭐가 특별하다는 거지!" 불평하고 돌아갔다면 다음번에는

뉴욕,
뉴요커

기발한 화장실을 발견하고 즐거워하는 식이다.

양변기의 금붕어

화장실 양변기 물탱크 안에서 금붕어 한 마리가 노닌다. 윌리엄스버그의 인테리어 숍 화장실에서 본 '수족관Aquariass' 이라는 작품이다. 일반적인 양변기의 흰색 도기 물탱크를 투명한 아크릴로 바꾸어 그 안에 수초를 심고 금붕어를 넣었다. 작가는 올리버 베커트Oliver Beckert. 사막 도시 라스베이거스에서 나고 자라 텍사스에서 사학을 공부했고, 졸업 후 뉴욕에서 디자인을 공부했다.

올리버는 항상 "화장실이 좀 더 재미있으면 좋지 않을까?" 하고 궁리했다. 소변을 보다가 그는 문득 "여기에 금붕어가 있으면 화장실 가는 게 좀 더 즐겁지 않을까?" 하는 엉뚱한 생각을 했다. 양변기는 100년 전에 디자인되었지만 지금까지 변한 게 거의 없다. 올리버는 이 점에 착안했다. 그의 기발한 상상은 2년 후에 이루어진다. 그는 화장실을 볼일만 보고 후다닥 나오는 장소가 아니라 고요하고 청명하며 사색적이기까지 한 공간으로 만들었다. 이 색다른 양변기를 집에 갖다 놓으면 화장실에 갔다가 물을 내리지 못하고 머뭇거리는 손님을 볼지도 모르겠다. 금붕어 신세를 걱정할 필요는 없다. 아크릴 탱크는 두 부분으로 나뉘어져 있는데 앞부분은 금붕어를 위해, 뒷부분은 변기를 위한 물이 담겨 있다. 뉴욕에서는 화장실도 하나의 전시 공간이 된다. 여기서 한 가지 퀴즈! 금붕어 한 마리가 유유자적하는 수족관의 가격은 얼마나 될까? 답은…… 1,000달러! 적당한 가격일까?

수족관 옆의 세면대, '으깨진 싱크대Squish Sink'는 실리콘으로 만들었다.

"왜 세면대는 항상 단단한 재질이어야 하지?"

이 싱크대(또는 세면대?)를 만든 조엘Joel Hoag 은 이런 의문을 가졌다. 조엘은 실리콘으로 세면대를 만들어 부드럽고 따뜻하며 상쾌한 느낌을 자아냈다. 싱크대의 깊이는 가장자리를 말아 올리거나 내리면서 깊게 할 수도 낮게 할 수도 있다. 싱크대는 그릇이나 손만 씻는 곳이 아니라 내가 원하는 대로 모양을 바꿀 수 있는 장난감이 되었다.

전깃줄의 운동화

숍을 구경하는 것도 좋지만 윌리엄스버그에서는 거리의 풍경이 가장 흥미롭다. 전깃줄에 걸린 운동화는 윌리엄스버그의 트레이드마크다. 운동화는 현관이나 신발장에 있어야만 하는 게 아니다. 낡아 버리게 된 운동화를 쓰레기통 대신 전깃줄 위에 던져 놓았다. 간혹 뾰족한 힐도 걸려 있다. 본래 있어야 할 자리에서 전깃줄 위로 살짝 장소를 이동한 것만으로 운동화는 매우 특별해진다. 쓰레기통에 버려질 운명이던 운동화가 새 생명을 얻었다. 전깃줄에 걸려 있는 것은 이뿐만이 아니다. 합판을 스니커즈 모양으로 잘라 색칠해 놓은 것도 보인다. 보고 또 봐도 전깃줄에 걸린 운동화는 재미있다. 운동화가 걸려 있는 모양새를 살펴보니 두 개의 운동화를 묶은 신발 끈이 꽤 짧다. 순간 누군가 운동화를 저기에 올려놓느라 참 애썼네! 하는 생각이 든다. 서울에 돌아가면 나도 한번 던져 볼까?

뉴욕,
뉴요커

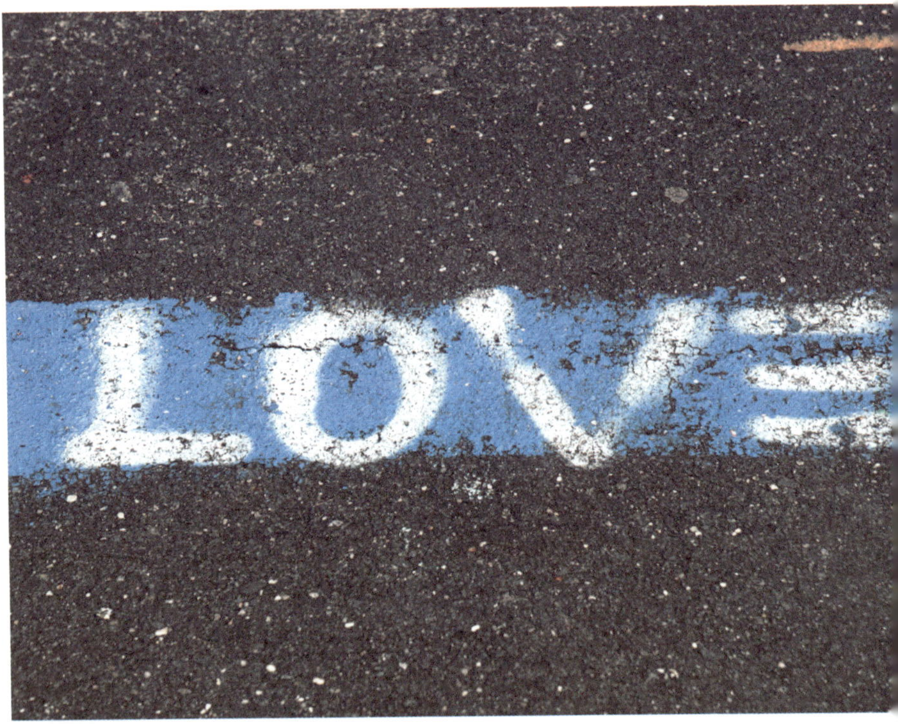
LOVE

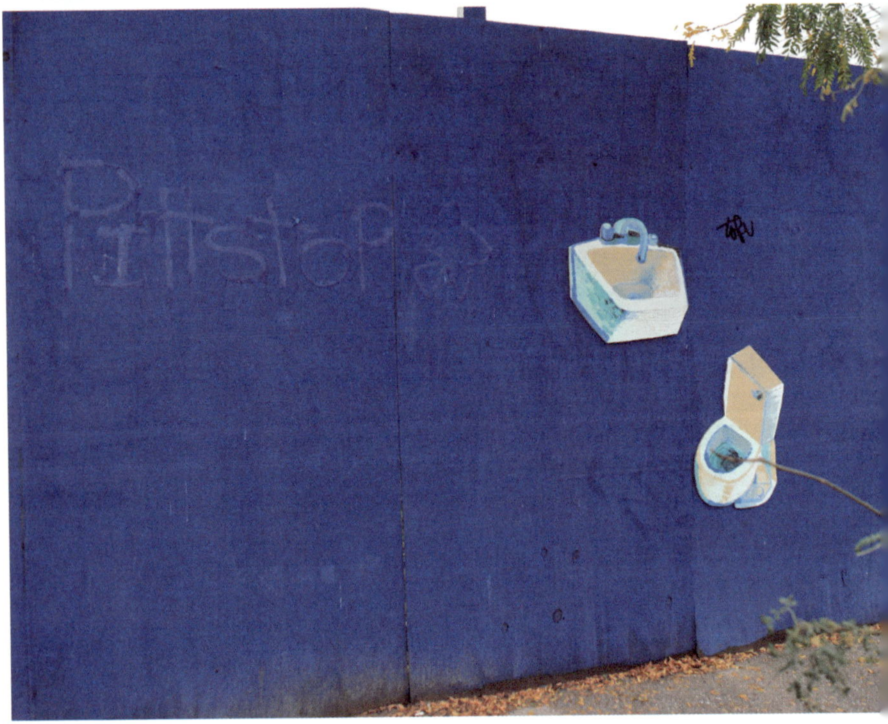

러브

윌리엄스버그에는 낙서가 참 많다. 누군가 길바닥에 '러브 LOVE'라는 글자를 써 놓았다. 마음이 찡하다. 팬시상품에 쓰인 러브가 아니라, 차가운 콘크리트 바닥 위에 쓰인 러브다.

또 다른 길바닥에는 새가 한 마리 그려져 있는데 그 옆에는 이런 말이 쓰여 있다.

"당신 진심이야? Are you for real?"

"당신이 진심이라면 우린 친구가 될 수 있어. If so, maybe we can be friends."

누가 바닥에 쭈그리고 앉아 이걸 그리고 있었을까? 그 또는 그녀는 이 콘크리트 바닥에다 무슨 얘기를 하고 싶었을까?

간이 휴게소?

'피트 스톱 Pit stop'은 고속도로에 있는 간이 휴게소란 말이다. 금방 철거될 것이 분명한 나무 담벼락에 파란색 페인트를 칠한 후 피트 스톱이라 쓰고, 하얀색 물감으로 쓱쓱 세면대와 양변기를 그렸다. 길을 가다 급하면 여기서 용변이라도 보란 말인가?

아니, 절대 안 될 말이다. 저 예쁜 파란 담벼락에 어찌 실례를 하겠는가.

또 다른 골목으로 들어서니 네모난 화분 위에 자전거 그림이 보인다. 길쭉한 화분 하나로는 여백이 부족했는지 자전거를 바퀴와 안장, 핸들로 분리해 두 개의 화분에 그렸다. 화분 사이 현관문에는 상반신을 숙인 채

검은 쓰레기봉투에 쓰레기를 담는 여자 그림이 있다. 집의 외부나 문 위에 흰색 페인트를 칠하고 그림을 그릴 수는 있다. 여기까지는 나도 상상할 수 있다. 그런데 왜 하필 쓰레받기와 쓰레기봉투란 말인가? 난 여기서 막힌다. 상상력의 차원이 다르다는 이유 외 왜 이런 그림을 그렸는지는 좀체 모르겠다. 게다가 이 예쁜 집에는 이스라엘의 레바논 침략을 비판하는 다큐멘터리를 상영한다는 포스터가 붙어 있다. 이 집 주인, 도대체 뭐 하는 사람이지? 용기를 내 문을 두드려 보지만 아쉽게도 기척이 없다.

윌리엄스버그의 으슥한 뒷골목을 걷다 보면
바짝 긴장할 때가 있다.
그럴 때 발견하게 되는 이런 풍경.
어쩌면 이런 낙서를 해 놓은 사람도 으슥한 밤거리를
지나며 나처럼 살짝 긴장했을지 모르겠다.
브루클린 변두리, 뉴욕의 밤거리에서 긴장하는
사람들을 위한 작은 선물.

제2의 소호, 덤보

겉으로 보기에는 낡은 창고가 즐비한 이곳이 '제2의 소호'로 불리고 있다. 허름한 창고와 감각적인 예술의 접점이 궁금하다면 매년 10월 열리는 '덤보 페스티벌'에 참가해 보자. 약 210여 명의 아티스트들이 자신의 작업실을 공개하며 진정한 덤보의 속살을 공개한다.

덤보 페스티벌

평소에는 휑하기 그지없는 거리가 '덤보'다. 하지만 매년 10월 '덤보 페스티벌 Dumbo Art Under the Bridge Festival'이 열리면 1년 내내 꼭꼭 숨겨 둔 보석들을 한꺼번에 보여 준다.

덤보는 엠파이어 풀턴 페리 스테이트 공원 Empire Fulton Ferry State Park 뒤편 브루클린 브리지와 맨해튼 브리지 사이의 창고 지역을 말한다. 이름은 낯설지만 찾아가기는 쉽다. 지하철 4·5·6호선 브루클린 브리지-시티 홀 Brooklyn Bridge—City Hall 역에서 내리면 브루클린 브리지를 걸어 덤보로 갈 수 있다. 브리지 위에서 보이는 맨해튼의 스카이라인은 매우 아름답다. 또는 지하철 F선을 타고 이스트 강을 건너 요크 York 역에서 내린다. 지하철역에서 이스트 강 쪽으로 5분 정도 걸어 좌우로 브루클린 브리지와 맨해튼 브리지를 볼 수 있다면 거기가 덤보다.

덤보 Dumbo는 말 그대로 '맨해튼 다리 아래 Down under the Manhattan Bridge Overpass' 지역을 일컫는 말인데 지금은 브루클린 다리 아래 지역까지 포함한다. 덤보는 소호 SOHO, South of Houston Street나 트라이베카 TriBeCa, Triangle Below Canal Street처럼 단어의 앞 글자만 모아 부르는 뉴욕 스타일의 이름이다. 서울의 옛날 구로공단 같은 곳이자 낡은 창고만 즐비하던 덤보에 1970년대 초반 가난한 아티스트들이 하나 둘 모여들더니 그 뒤를 따라 갤러리들이 들어섰고 이제는 럭셔리 콘도미니엄까지 등장했다.

갤러리들이 모여든 첼시가 '제2의 소호'라 불리며 뉴욕 현대 미술의 중심지가 되었다면, 덤보는 작업실의 집결지라고 할 수 있다. 이 좁은 지역에 작업실이 얼마나 많이 있는지는 모르겠지만 이번 덤보 아트 페스티벌 기간 중에만 210명의 아티스트가 작업실을 공개하는 '오픈 스튜디오' 행사에 참가했다.

페인트가 벗겨진 채 낡은 철골을 드러낸 창고는 페스티벌 기간 동안 갤러리로 변신한다. 심지어 트럭 짐칸에서도 그림을 전시한다. 맨해튼 브리지 바로 아래 한구석에는 20~30개의 크고 작은 거울이 하늘을 향해 펼쳐져 있다. 엠파이어 풀턴 페리 스테이트 파크 한편엔 크기도 모양도 제각각인 싱크대를 쌓아 두었다. 덤보에서 벌어지는 일들은 도무지 정형화된 패턴이란 게 없다. 갤러리의 전시만큼 거리의 다양한 사람들 모습도 흥미롭다. 거리의 안팎에서 사람들을 힐끔 돌아보면 서울과 뉴욕의 확연한 차이가 드러난다. 젊은 사람들만큼 중년과 노년도 많다는 것. 거리의 밴드 앞에서 몸을 흔드는 건 젊은 사람만이 아니다.

스티브네 화장실

스티브는 덤보를 구경하다가 만난 친구인데, 디자인 제품을 파는 가게 주인이다. 가게 물건도 마음에 들었지만, 스티브네 가게에서 제일 멋있는 건 작은 그림들이 놓여 있는 화장실이다. 대단한 그

짤막한 나무토막, 납작한 철 쪼가리,
동그란 자갈 위에 그린 그림.
이것들이 녹슨 쇠창살 통풍구 앞에 놓여 있다.
버려진 것들만 모아놓은 게 아닌가 싶을 정도다.
못 쓰게 된 끌 위에 다섯 개의 하트,
초록색을 칠한 납작한 자갈 위에 그린 꽃 한 송이.
나는 왠지 이런 풍경에 끌린다.

뉴욕,
뉴요커

림들은 아니다. 손바닥만 한 나뭇조각에 쓱쓱 거칠게 초록색, 빨간색 네모를 그리거나 하얀색 동그라미 안에 빨간색 점을 찍어 놓은 게 전부다. 페인트칠하는 데 썼을 법한 큰 붓 손잡이에 선을 죽죽 그어 거꾸로 세워 놓기도 했다. 이런 것들이 나란히 모이니 화장실이 아주 특별해졌다. 쉰이 넘은 나이에 이런 화장실을 꾸밀 수 있는 스티브의 얼굴을 보고 다시 또 보게 된다.

웨이트리스와 아티스트

　　　　　　　　엠파이어 풀턴 페리 스테이트 공원. 이스트 강 건너편 맨해튼 빌딩의 스카이라인이 한눈에 들어오는 공원이다. 한편에 오래된 창고 건물이 늘어서 있고, 다른 한편에는 잔디가 넓게 깔려 있다. 햇볕 좋

　은 날, 강 건너 맨해튼 고층 빌딩을 바라보며 산책을 하다 그녀를 만났다.
　처음에 멀리서 그녀가 바짝 몸을 낮추고 잔디에 엎드려 있는 모습을 봤을 때는 잔디에 하얀 천이 깔려 있거나 무슨 설치 작품이 아닌가 짐작했다. 가까이 다가가 보니 사람이다. 어느 순간 그녀는 아주 서서히 움직이기 시작한다. 퍼포먼스다. 하지만 주변에는 아무도 없다. 몇몇 사람이 먼발치에서 그녀를 바라보거나 그녀 주변을 무심코 지나갈 뿐이다. 열성적인 관객은 나뿐이다. 그녀는 표정의 변화 없이 아주 천천히 몸을 움직이는데, 잔디 위에 펼쳐진 사각형 드레스 모양은 전혀 변하지 않는다. 검은색 혈관 같은 가늘고 굵은 실선이 드레스에도, 얼굴에도, 손바닥에도, 귓가에도 어지럽게 흐트러져 있다. 어느새 하나 둘 사람이 모여들어 그녀의 몸짓을 지켜본다. 그리고 이내 무슨 유니폼을 입은 남자가 나타

났다. 당장 뭐라고 한마디 할 기세였던 그는 어느 순간 그녀에게 다가가지 못한다. 그녀의 몸짓에는 누가 감히 뭐라 할 수 없는 위엄이 있다. 공원 관리인은 아마 이렇게 말하고 싶었는지 모르겠다. "이봐, 당신! 지금 허가 없이 여기서 이러고 있으면 안 된다고. 그건 불법이야. 공연을 하고 싶으면 먼저 허가를 받으라고. 당장 일어나!" 그는 결국 한마디 말도 꺼내지 못하고 잠시 서성이다가 그 자리를 떠 버렸다.

많은 뉴요커는 이런 식으로 내가 좋아 내 멋대로 한다. '예술을 한다'는 허영기 어린 자의식이 아니라 '내가 하고 싶으면 한다'는 식의 단순함을 갖고 있다. 낮에는 예술가로, 밤에는 웨이트리스로 일하는 게 자연스럽다. 밤을 새며 접시를 닦는 웨이트리스도, 창조적인 작업을 하는 아티스트도 내 모습이다. 웨이트리스와 아티스트는 한 존재 안에서 충돌하지 않고 공존한다.

놀이터 같은 미술관, P.S.1

당신은 '미술관'이라고 하면 어떤 이미지를 떠올릴까? 오래돼 쩍쩍 갈라진 벽에 페인트칠이 벗겨진 모습은 아닐 것이다. 퀸즈 롱아일랜드 시티에 폐교로 방치된 1800년대 낡은 공립학교를 개조해 만든 'P.S.1 Contemporary Art Center'은 바로 이런 미술관이다. 사람들은 이곳을 PS1이라 줄여 부른다. 말 그대로 공립학교Public School의 약자다.

폐교가 미술관으로

맨해튼에서 7호선 또는 E나 V라인을 타고 이스트 강을 건너면 바로 퀸즈 롱아일랜드 시티다. 지하철역을 나서면 바로 PS1 MoMA라고 쓰인 거대한 사인이 눈에 띈다.

PS1 안내 데스크 옆 커다란 칠판에는 미술관 안내 도면이 그려져 있는데 끼적거리듯 써 놓은 전시장 설명은 아이들 낙서 같다. 창고로나 쓸 법한 폐교를 그럭저럭 개조하긴 했지만, 어둡고 좁은 계단을 촘촘한 철사 그물로 가로막은 곳도 있는 걸 보면 도대체 무슨 미술관이 이 모양이냐고 푸념하기 쉽다. 더욱이 작품도, 작가 이름도 유심히 찾아보지 않으면 놓치기 십상이다. 주렁주렁 매달려 있는 소화전 호스 옆으로 하얀색 칠판 위에 검은색 분필로 그려 놓은 그림이 보인다. PS1을 쓰윽 한번 돌아보고 나서야 소화전 옆 그림이 남아공 출신 아티스트 윌리엄 켄트리지의 작품이란 걸 알았다. 작품이란 표시는 유리문 위에 슬쩍 써 놓은 'Stair Procession'이란 작품명, 제작 연도와 그의 이름이 전부다. 작품 설명은 없다. 이 같은 불친절과 격식 없음이 오히려 미술관을 생기 있게 만든다.

PS1을 돌아보다 보면 이게 작품이야? 하는 생각이 들 때도 많다. 그런 탓에 PS1이 좀 더 만만하게 느껴진다. 어려운 미술관이 아니라 친구 작업실에 놀러 온 것 같다. 비상계단 벽에 그려진 몇 개의 설치 작품을 제외하곤 소장품도 없다. 명색이 미술관인데 컬렉션이 없다니!

모마MoMA의 부속 미술관이지만 기획은 자체적으로 한다. 모마에 부속되면서 제도권에 가까운 미술관이 되었다는 비판도 있지만, 여전히 미술관이라기보다는 실험적인 갤러리 같다.

나를 구해 주세요!

PS1을 돌아보고 있으면 여기저기서 장난을 걸어온다. PS1 입구를 지나면 붉은색 벽돌로 지은 ㄷ자형 학교 건물이 보이는데 건물 앞에는 널따란 계단이 있다. 그 계단 어딘가에 인형 하나가 자빠져 있다. 꼭꼭 숨어 있는 것도 아닌데 앞만 보고 걸어가다가는 좀체 눈에 띄지 않는다. 기껏해야 어린아이 주먹만 하기 때문이다. 걸음 빠르기론 아마 세계 챔피언일 뉴요커들의 눈에는 절대 띄지 않을 것 같다. 나는 PS1에 세 번째 가서야 발견할 수 있었다.

숨바꼭질은 한 번으로 끝나지 않는다. 이번에는 엄지손톱보다 조금 큰 구멍이다. 무심코 복도를 오가는 사람에게 이 구멍은 절대 보이지 않는다. 당신이 우연히 이 구멍을 발견할 수 있다면 당신의 관찰력은 최고라고 자부해도 좋다. PS1의 낡은 복도 바닥에 뚫린 구멍 위로 무수한 관람객이 오가지만 구멍을 알아채는 이는 거의 없다. 과연 그 안에는 무엇이 있을까? PS1은 당신의 상상력을 시험하며 다시 한 번 장난을 건다. 쭈그리고 앉아 구멍 안을 들여다보니, 맙소사! 그 안에 한 여자가 있다. 그녀가 나를 올려다보며 간절한 표정으로 두 팔을 내민다. 그러더니 버럭 소리를 지른다.

뉴욕,
뉴요커

낡은 복도 바닥의
구멍 안에서
그녀가 소리친다.
"Help me!"

"당신, 거기서 뭐 하고 있는 거예요? 당장 나를 구해 주세요!"

오 마이 갓! 구멍 안을 들여다보고 있는데 옆에 있던 백인 여자가 참 안됐다는 듯 혀를 차며 내게 말을 건넨다.

"그 여자 불쌍하게 몇 년째 갇혀 있어요."

그러니 당신이 PS1에 가면 이 여자를 꼭 구출해 주기를! 이 여자말고도 얼마나 많은 사람이 복도 바닥에 갇혀 있을지 모를 일이다.

화장실에 가니 문 위에 'CRY'란 단어가 쓰여 있다. 이번에는 또 무슨 장난인가 싶어 화장실 주변을 둘러보지만 아무것도 찾을 수 없다. 하지만 화장실 문 위에 쓰여 있는 'CRY'라는 단어 하나로 기분이 좋아진다. 다른 화장실에는 창문 옆에 모니터가 있다. 모니터의 영상은 단순하다. 한 남자는 좌변기에 앉아 있고, 다른 남자는 소변기 앞에서 등을 보이며 서 있다. 하얀색 러닝셔츠를 입은 두 남자는 몸을 가볍게 흔들거나 고개를 들었다가 숙이기를 반복한다. 2분 10초짜리 비디오 작품이라는데 내용은 이게 전부다. 모니터가 화장실에 있어 이질감이 더한 지도 모르겠다. PS1은 미술관에 와서 '여기에는 또 뭐가 있을까?' 하고 화장실을 헤매고 다니게 만든다.

이 정도는 나도 하겠다

화장실에서 나와 PS1을 계속 구경하는데 이번에는 어둠 속에서 레드와 블루, 두 개의 스크린이 보인다. 가만히 보니 페인트를 칠한 후 마를 때까지 카메라를 정지해 놓고 찍었다. 표면이 빛을 받아 윤기가 난다. 빨간색 페인트는 7분 30초, 파란색 페인트는 9분 50초 동안 보인다. 페인트를 칠하고 마르는 동안 달랑 클로즈업으로 촬영한 게 전부다. 편집조차 하지 않았다. 실제 사이즈보다 아주 크게 보여 준다는 것을 제외하면 '작품 하나 쉽게 했네!' 하는 생각이 든다. 그런데 가만히 스크린을 보고 있으니 빛을 받으며 미세하게 변하는 페인트 질감이 재미있다. 한 번도 제대로 페인트칠을 해 본 적이 없는 난 문득 어딘가에 페인트를 칠하고 싶다. 그건 아마 햇볕 좋은 날 빨래를 널어놓고 느끼는 싱그러움과 비슷할 것 같다.

엘리베이터를 타고 옥상으로 올라가면 맨해튼 미드타운의 전경이 한눈에 들어온다. 퀸즈의 하늘은 맑은데 안개가 맨해튼을 감쌌다. 내가 뉴욕에 있다는 사실을 새삼 실감한다. 1층 매표소 옆에서 커피를 한 잔 마셨다. 카페 벽 위로 잔뜩 그림을 그려 놓았다. 감옥 창살과 교수대 밧줄, 책과 커다란 압정과 쓰레기통 같은 장난스러운 그림과 콜라주도 보인다.

PS1을 방문하기 가장 좋은 때는 새로운 전시의 오프닝 파티가 있을 때다. 보통 일요일 오후에 열리는데 누구나 무료로 먹고, 마시고, 공연도 볼 수 있다. PS1이 좋은 또 한 가지는 모든 박물관과 미술관이 문을 닫는 심심한 월요일에도 문을 연다(목요일 ~ 월요일 12시부터 6시까지 오픈, 입장료는 내고 싶은 만큼!)는 사실. 내게 PS1은 뉴욕에서 가장 사랑스러운 미술관이다.

다양한 모습을 한 예술이
내게 장난을 건다.

뉴욕,
뉴요커

뉴욕이 재미있는 이유

 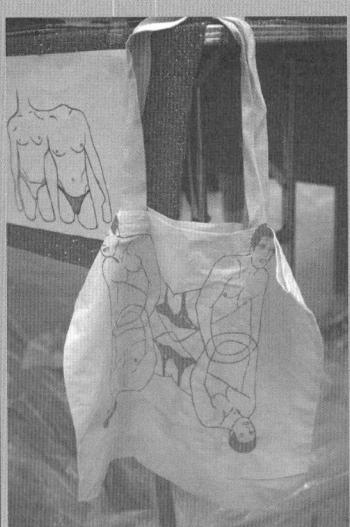 

아티스트가 회사원만큼 많은 곳이 뉴욕이다. 사람을 만나면 절반은 아티스트다. 뉴욕엔 왜 그렇게 아티스트가 많을까? 도시의 공기가 자유롭기 때문이다. 아티스트들이 많아지면서 도시가 별나진다. 인습에서 자유로운 사람들. 보헤미안은 뉴요커들의 영원한 로망이다.

무슨 아티스트가 이렇게 많지!

　　　　뉴욕에서 어디를 가나 빠지지 않는 화제는 렌트비다. 뉴욕에 살고 싶은 사람은 많다. 문제는 방값을 낼 수 있느냐, 없느냐다. 렌트비를 낼 수 없으면 뉴욕을 떠나야 한다. 렌트비를 내기 위해 낮엔 웨이터나 웨이트리스로, 밤엔 바텐더로 일하는 사람들이 뉴욕의 아티스트다. 왜 하필 바텐더나 웨이터냐고? 누구나 쉽게 할 수 있는 일이니까. 아티스트가 어떻게 그런 일을 하냐며 이상하게 보는 사람도 없다. 아티스트가 회사원만큼 많은 곳이 뉴욕이다. 사람을 만나면 절반은 아티스트, 여기를 가도 저기를 가도 '스튜디오 빌딩', 그러니까 전체가 작업실로 꽉 차 있는 건물이다. 아니, 도대체 여긴 무슨 아티스트가 이렇게 많아?

　　뉴욕엔 왜 그렇게 아티스트가 많을까? 도시의 공기가 자유롭기 때문이다. 그 자유를 찾아 또 다른 아티스트가 찾아든다. 아티스트들이 많아지면서 도시가 별나진다. 도시가 멋지니까 관광객이 몰려든다. 그러니 아티스트로서는 무엇보다 작품을 파는 게 좀 더 쉽다. 하지만 아티스트들이 뉴욕으로 몰려오는 이유는 작업 환경이 좋거나 작품을 팔기 쉽기 때문만은 아니다. 아티스트들은 새로운 라이프스타일을 배우기 위해 뉴욕으로 온다. 인습에서 자유로운 사람들, 보헤미안은 뉴요커들의 영원한 로망이다.

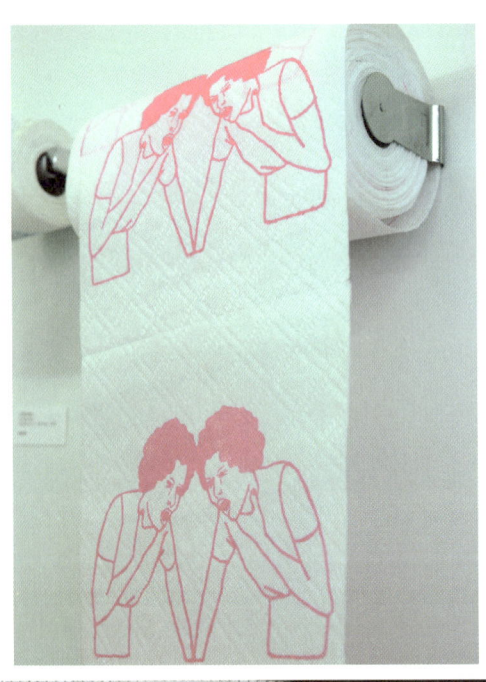

제임스 모리슨은
사레가 들려
캑캑 거리는
두 남자를
판화로 찍는다.

키친타월

제임스 모리슨. 뉴욕 아트 북 페어The NY Art Book Fair에서 우연히 만났다. 텁수룩한 머리와 수염 탓인지 만화 캐릭터 같다. 중부 오하이오 출신으로 5년 전 뉴욕으로 이주했다. 며칠 후면 베를린에서 전시가 있다고 한다. 그는 주방에서 쓰는 키친타월 위에 사레가 들려 혀를 내밀고 캑캑거리는 두 남자를 관화로 찍는다.

얼마 전 'Printed Matter Matters'아트 북 전문 서점으로 게이들의 누드 사진이 떡하니 걸려 있기도' 서점에서 그의 키친타월을 처음 봤다. 처음에는 서점에 웬 키친타월이 걸려 있나 싶었는데 가만히 보니 단순한 키친타월이 아니고 작품이다.

가격은 40달러. 그의 '두루마리 키친타월' 프린트는 파격적이고 재미있지만, 오랜 시간의 노력이 배어 있는 것 같지는 않다. 하지만 뭐 세상에는 여러 가지 예술이 있으니까. 그런데 오늘 그는 아트 북 페어에 나와 하얀색 천 가방에 프린트를 찍어 단돈 10달러에 판다. 그가 작업을 팔아 돈을 얼마나 버는지는 모르겠으나 노란색 티셔츠와 반바지를 입은 그는 마냥 좋아 보인다. 작가의 고뇌 같은 건 모르겠다. 그는 뭔가 신나는 일을 하면서 마냥 즐겁게 사는 것 같다. 문득 그처럼 살면 좋겠다고 생각했다.

제임스에게 명함 하나 달라니까 명함은 없다며 키친타월을 한 장 부욱 찢더니 그 위에 이름과 연락처를 적고 오른쪽 한구석엔 엉덩이를 드러내고 요염하게 엎드려 있는 남자 모습을 핑크색 잉크로 찍어 준다. 세상에 하나뿐인, 내가 이제껏 받아 본 명함 중 가장 큰 사이즈다.

블라블라~

영어 '블라블라블라 blah-blah'를 우리말로 하면 중얼중얼 또는 하찮은 수다를 떨고 있는 모양새를 말한다. 누군가는 로어이스트사이드 여기저기, 이를테면 남의 집 현관문에서, 또는 담벼락에서 틈만 나면 블라블라 거리고 있다. 정확히 말하면 거리 여기저기에 '블라블라' 라는 글자를 반복해 프린트하듯 찍어 놓았다. 건물주나 경찰의 눈을 피해 도망 다니듯 '블라블라' 라는 프린트를 찍고 다닐 그를 생각하면 왠지 통쾌하고 피식 웃음이 나온다. 그는 바스키아나 키스해링을 꿈꿀까? 아니, 이 정도 가지곤 바스키아처럼 되기에 부족하다는 것도 잘 알고 있을 같다. 그런데 그는 여전히 블라블라거린다. 지금도 거리를 힐끔힐끔 살피면서, 집 안에서 나는 소리에 귀 기울이며 어디에선가 블라블라 프린트를 찍고 있을 당신, 부디 경찰에 잡히진 마라.

한 방울의 눈물

다운타운의 헌옷가게에서 청바지 두 벌을 10달러에 사 가지고 나오는 길이다. 거의 새 옷인 캘빈 클라인 청바지 두 벌에 10달러라니! 쾌재를 부르며 의기양양하게 거리를 지나다 문득 걸음을 멈췄다. 2번가와 30번가의 교차로에 커다란 장미 한 송이가 있었다. 붉은 빛이 너무 진해 서늘하기까지 한 자태의 붉은 장미가 눈물 한 방울을 떨어뜨린다. 서럽게 우는 눈물이었으면 그냥 지나쳐 버렸을지도 모르겠다. 그 눈물은 우는 듯 마는 듯 알 수 없는, 삭히고 삭히다 마침내 떨어뜨리는 눈물이었다. 가만히 보니 눈물 바로 위에 작은 글씨로 '예술이란…… Art

is······' 글자가 쓰여 있다. 예술은 붉은 장미가 흘리는 한 방울 눈물이라는 것일까. 그 글자가 쉽게 눈에 띌 만큼 컸다면 오히려 내 눈길을 끌지 못했을 것이다. 그때 그것은 그저 'SVA School of Visual Art'라는 학교의 광고판에 불과했을 것이다. 하지만 마치 숨은 그림 찾기라도 하듯 살짝 숨겨 놓은 한 방울 눈물과 '예술이란······' 문구는 맨해튼 한복판에서 나를 한순간 청명하게 만든다.

퍼포먼스

첼시 26번가에 자리한 러시 아트 갤러리 Rush Arts Gallery 에서 '사인 어브 사운드 Sign of Sound'라는 퍼포먼스가 있었다. 신시사이저와 드럼, 콘트라베이스 연주가 시작되자 빨간색과 파란색 물감이 거칠게 칠해진 커다란 캔버스를 배경으로 아티스트 파비아나 Fabiana 가 춤추기 시작한다. 끌 같은 납작한 도구를 손에 쥔 그녀는 두껍게 칠해진 캔버스의 물감을 벗겨내며 그림을 그리다가 잠시 후에는 아예 끌을 던져버리고 손가락과 손바닥만으로 그림을 그려나간다. 그림을 그린다기보다 음악에 맞춰 춤을 추는 것 같다. 음악의 느낌에 따라 춤을 추고 그림을 그리고, 때로는 음악에 맞춰 그림을 지운다. 뮤지션들은 그녀의 몸짓과 캔버스에 나타나는 이미지에 맞춰 연주를 해나간다. 파비아나의 그림은 뮤지션들이 연주하는 음악의 선율이 되고, 음악은 다시 그림이 된다.

매주 주말이면 첼시에 있는 수백 개의 갤러리에서는 파비아나의 퍼포먼스 같은 각양각색의 이벤트가 열린다. 뉴욕에서 갤러리가 밀집한 곳은 첼시만이 아니다. 업타운, 미드타운, 브루클린, 퀸스 등에 있는 갤러리를

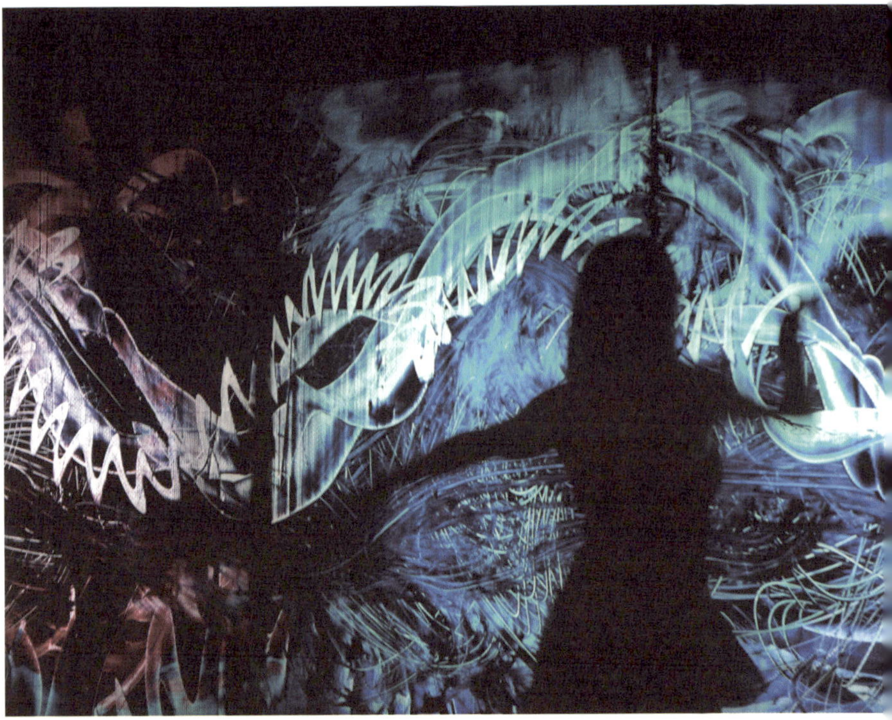

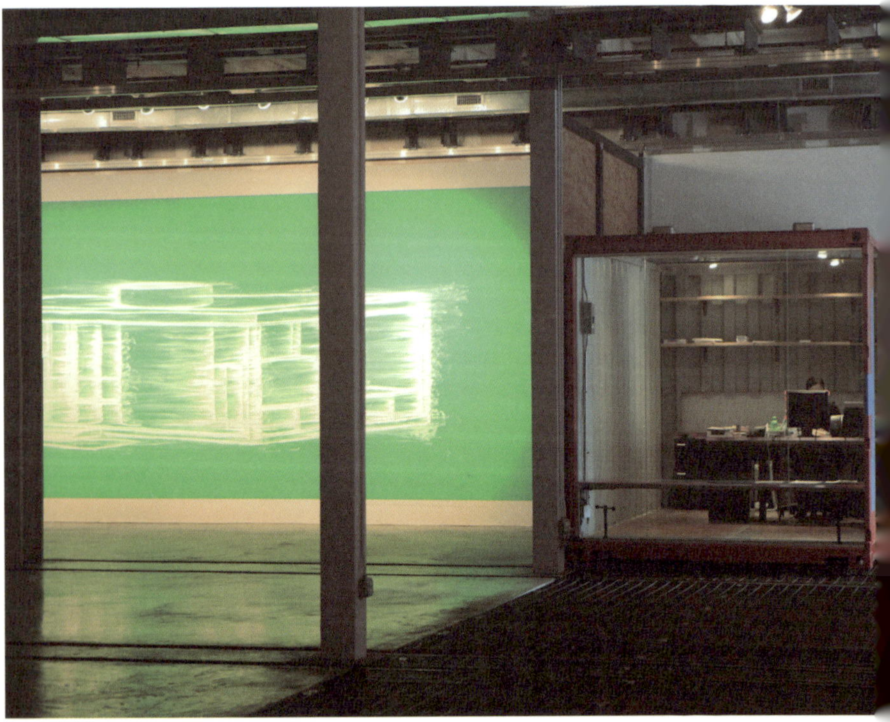

모두 합치면 몇천 개가 될지도 모른다. 이 많은 갤러리에서 매일매일 새로운 일이 벌어진다.

컨테이너 갤러리

웨스트 13번가의 갤러리 '보헨 파운데이션'. 입구는 비상계단처럼 숨어 있다. 갤러리를 구경하려면 멋쩍더라도 굳게 닫힌 작은 문을 두드려야만 한다. 이 갤러리는 420평 정도 되는 사무실과 라이브러리, 전시공간을 모두 컨테이너 박스로 만들었다. 컨테이너를 잘라 창을 만들고, 문을 냈다. 때로는 컨테이너의 한 면 전부를 잘라내 통유리를 끼우고, 잘라낸 컨테이너 조각으로 의자를 만들었다. 컨테이너 밑에는 바퀴가 달려 있어 갤러리 안에 깔린 레일을 따라 움직인다. 8개의 컨테이너 박스뿐만 아니라 바닥에서 천장까지 4.9m에 이르는 거대한 파티션을 이용해 상황에 따라 다양하게 공간을 구성한다. 흰색 벽과 붉은색 컨테이너, 강철로 된 레일은 자칫 밋밋하기 쉬운 갤러리 공간에 활기차고 다이내믹한 에너지를 불어넣는다. 바닥이 쇠살대로 된 탓에 지하층도 훤히 내려다보이고 천장은 침목으로 꾸몄다. 모던한 스타일 속에서도 1800년대 창고로 쓰였던 건물의 역사가 고스란히 느껴진다. 극단적인 콘트라스트가 자연스럽게 공존하는 이 갤러리는 뉴욕의 건축이 어떤 방향으로 나가는지를 단적으로 보여준다.

수족관 안 농구공

수족관 같은 물탱크 안에 농구공 세 개가 떠 있다. 자세히 살펴보니 농구공의 절반만이 정확히 물에 잠겼다. 무턱대고 농구공을 수족관 안에 넣는다고 이런 모양이 나오지는 않겠지만 '이게 도대체 뭐야?' 하고 피식 웃음이 나오는 건 어쩔 수 없다. 이 작품이 모마 MoMA에 있다고 대수겠는가? 작가는 작품을 만들고, 나는 작품을 감상한다. 어쨌거나 농구장 아닌 수족관에 떠있는 농구공은 뭔가 상큼하다.

'세개의 공 Three Ball 50/50 Tank'이란 제목의 이 작품은 전직 증권맨 제프 쿤 Jeff Koons 의 작품이다. 그는 농구공이 절반만 떠오르게 하기 위해 증류수로 탱크를 채우고 염화물을 첨가했다. 그가 서른 살이던 1985년에 만들었으니 이미 27년이 지났다. 서른 살 젊은 감성이 만든 상큼한 도발의 느낌과 달리 제프 쿤은 둥둥 떠 있는 농구공으로 죽음을 암시했다고 한다. 세상에 태어났다면 죽지 않는 이상 살아갈 수밖에 없는 인간의 숙명을 그는 수족관의 농구공 세 개로 표현했다. 제프 쿤에게 농구공은 죽음을 의미하는 것이어도, 처음 이 작품을 보는 대개의 관객은 아마 나처럼 피식 웃고 말 것이다. 작가의 의도를 거스른다 해도 작품을 보며 몽실몽실 피어오르는 감상은 언제나 즐겁다.

좋은 그림이란

오늘 처음 모마에서 브라이스 마덴 Brice Marden 의 그림을 봤다. 멍하니 그의 그림을 바라보다가 문득 뉴욕에 와서 참 좋다는 생각이 들었다. 나도 모르게 피식피식 웃음이 나올 정도다. 가슴 속에서 무엇인가 스멀스멀 피어오른다. 이런 기분은 제아무리 럭셔리한 레스토랑에서 좋은 음식을 먹어도 느낄 수 없는 즐거움이다. 그래서 그림을 보면

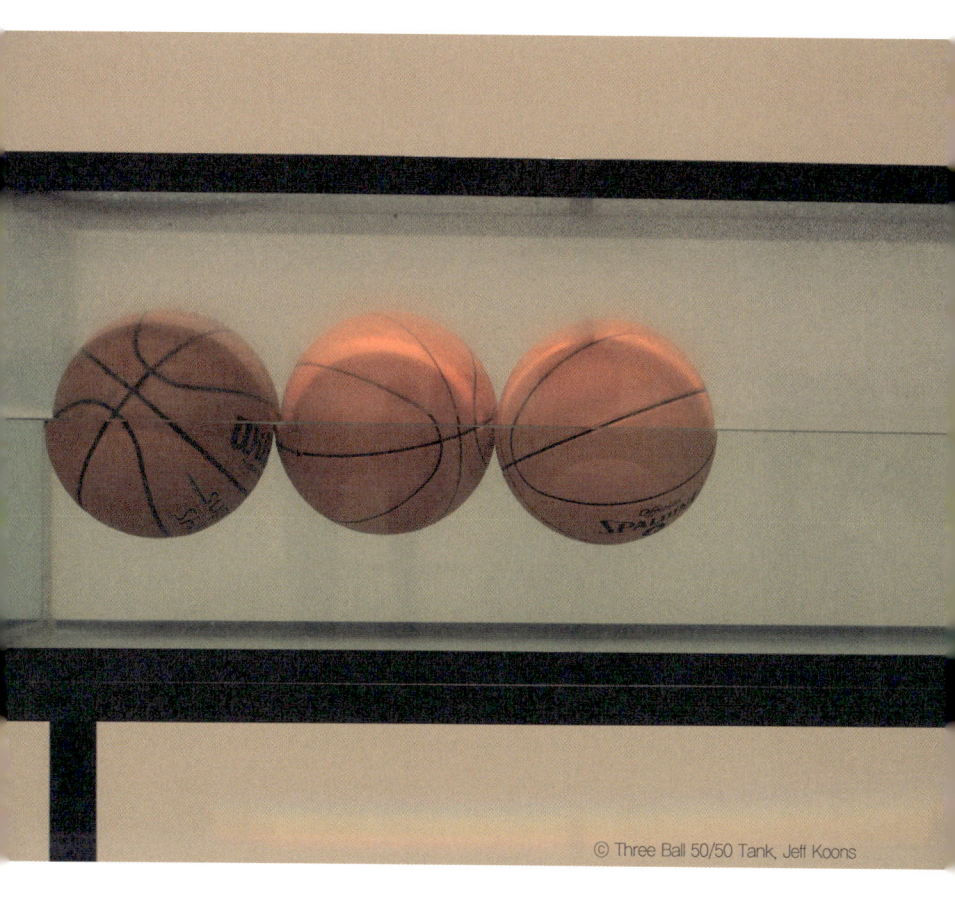

© Three Ball 50/50 Tank, Jeff Koons

인간의 숙명일까, 농구공 세 개일까?

뉴욕,
뉴요커

서 넋이 나간 것 같은, 옆자리 남자도 이해할 수 있다.

  우리나라에서는 좋은 그림을 대할 기회가 적고 그림을 보러 가는 일은 소수의 취미로 여겨진다. 그러나 좋은 그림을 보는 일은 따분하지도, 어렵지도 않다. 시간을 두고 가만히 바라보면서 느끼는 것으로 족하다. 그때 당신이 무엇인가 느낄 수 있다면 좋은 그림이다. 그림을 보고 평가하는 당신의 느낌은 항상 옳다.

여기는 뉴욕이다

  다이치 프로젝트 Deitch Projects 라는 소호의 작은 갤러리에서 조너선 브로프스키 Jonathan Borofsky 의 작품이 전시됐다. 광화문 흥국생명 본사 앞의 거대한 인물상인 '해머질하는 남자 Hammering Man'가 바로 그의 작품이다. 서울뿐만 아니라 프랑크푸르트와 바젤, 시애틀과 댈러스에서도 해머질하는 남자를 볼 수 있다. 과천 국립현대미술관 잔디밭에 단정하게 서서 고개를 들고 노래를 부르는 거대한 인물상인 '노래하는 남자 Singing Man'도 그의 작품이다.

  브로프스키가 여섯 살 때 그는 아빠 무릎 위에 앉아 하늘 어딘가에서 산다는 거인 얘기를 듣곤 했다. 거인은 사람들을 위해 언제나 착한 일을 한다. 아빠의 얘길 들으며 꼬마 브로프스키는 거인을 만나러 하늘로 올라가곤 했다. 이제 환갑이 넘은 그가 다이치 갤러리에서 선보인 작품 제목은 '인간의 구조 Human Structure'다. 강철과 폴리카보네이트를 이용해 수백 개의 사람 형상을 쌓아올렸다. 그는 여전히 하늘로 올라가고 싶은지도 모르겠다.

뉴욕,
뉴요커

브라보, 아름다운 인생이여!

힙합 바지, 후드 셔츠의 모자를 눌러쓰고, 커다란 헤드폰을 낀 남자가 자전거를 타고 내 앞을 휙 스쳐 간다. 신호에 걸려 멈춰 선 그가 뒤를 돌아보는데 하얀 수염이 텁수룩한 노인이다. 후드 셔츠, 힙합 바지에 헤드폰을 끼고 있다고 해서 10대라고 생각하는 건 편견이다.

할렘 재즈 클럽에서 노래하고 싶다면

할렘 125번가 레녹스 거리에 자리한 재즈 클럽 '레녹스 라운지 Lenox Lounge'. 이곳에서는 누구나 무대에서 노래를 부를 수 있다. 조그만 무대 앞 테이블에 하얀 종이가 놓여 있다. 노래를 부르고 싶은 사람은 종이에 이름을 써넣고, 이름이 불리면 무대로 나가 노래를 부른다. 피아노와 드럼, 콘트라베이스 연주와 함께 아름다운 밤의 주인공이 된다. 젊은 흑인 여자, 젊은 백인 남자, 중남미계 남자와 여자, 일본 여자의 노래가 이어진다. 모든 인종의 노래를 들을 수 있는 레녹스 라운지는 뉴욕의 미니어처다. 오늘 밤은 유독 젊은 일본 여자가 많다.

한 무대가 끝나고 다시 누군가의 이름이 불린다. 예순이 넘었을 것 같은 구부정한 할머니가 자리에서 일어난다. 거동이 불편한지 걷는 것마저 부자연스러운 그녀가 아주 천천히 무대로 걸어간다. 연주자들과 악수를 하고, 인사를 주고받고, 이내 노래를 시작한다. 사람들을 바라보며 수줍지만 부드럽게 웃으며 때로는 격정적으로 때로는 슬프게 노래한다.

마침내 노래를 마친 그녀가 박수를 받으며 활짝 웃는다. 오늘 이 무대에 서기 위해 그녀는 지난주 내내 이 시간을 준비했는지 모른다. 자신의 노래에 귀 기울여 주는 열댓 명의 관객만으로 그녀는 죽는 날까지 이 순

그녀는 죽는 날까지 이 순간을 잊지 못할지 모른다.
그녀의 노래를 들으니 이 순간만큼은
인생이 아름답다는 생각이 든다.

간을 잊지 못할지 모른다. 오늘 밤 그녀는 그 어떤 화려한 무대라도 부럽지 않다. 그녀의 노래를 듣고 있는 이 순간만큼은 사는 것에 시니컬한 나마저도 인생이 아름답다는 생각이 든다.

피카소의 그림보다 아름다운

메트 뉴요커들은 메트로폴리탄 뮤지엄을 '메트'라 줄여 부른다. 에서 〈세잔에서 피카소까지〉 특별전이 열렸다. 이 전시의 주인공은 세잔이나 피카소가 아닌 세잔과 피카소를 발견한 당대의 아트 딜러 앙브루아즈 볼라르Ambroise Voallard다.

1887년 스물아홉의 볼라르는 프랑스 식민지였던 아프리카의 마다가스카르를 떠나 난생 처음 파리에 도착했다. 그리고 3년 후 그는 파산 위험을 감수하며 당시 무명작가였던 폴 세잔의 작품 150점을 전시하는 모험을 감행했다. 결과는 대성공이었고, 볼라르는 일약 스타 딜러로 떠올랐다. 그는 1901년 피카소에게 파리에서 첫 번째 전시를, 1904년에는 마티스에게 첫 번째 개인전을 열어줬다. 패트릭 밀란이란 아티스트는 "아티스트에게 필요한 건 아트 딜러가 아니라 단지 그림을 그릴 벽이다." 라고 했지만, 무명의 세잔과 피카소를 발견해 생활을 도와주며 전시 기회를 마련해준 건 아트 딜러 볼라르였다. 피카소가 처음 볼라르를 만났을 때 피카소의 나이는 불과 열아홉 살이었다. 그때 볼라르는 이미 아트 딜러로서 대가 반열에 있을 때다. 열아홉의 신출내기 피카소라니! 처음부터 언제나 대가였을 것 같은 피카소에게 그런 시절이 있었다는 사실에 피식 웃음이 나온다.

볼라르에게는 미안한 얘기지만 그가 주인공이라 해도 관객이 보고 싶어 하는 건 무엇보다 피카소의 그림이다. 아마 피카소는 고흐와 더불어 사람들의 사랑을 가장 많이 받는 작가 같다. 이를 반증하듯 피카소의 전시는 뉴욕에서 갖가지 명목으로 끊이지 않는다. 도대체 피카소는 생전 얼마나 많은 그림을 그린 것일까?

한번은 모마에서 피카소의 그림을 보는데 문득 내 옆에서 같은 그림을 보고 있는 노부부가 눈에 들어왔다. 일흔은 되었을 것 같은 백발의 남편과 아내다. 뉴욕에선 노년의 두 사람이 팔짱을 끼고 있다는 것만으로 두 사람이 부부라고 단정할 수 없지만, 어쨌거나 아내는 뭐가 그리 좋은지 한 손으로 남편의 팔짱을 끼고 다른 한 손으론 남편의 팔목을 잡고 도란도란 이야기를 나눈다. 잠시 후엔 팔짱을 풀어 남편 어깨에 손을 얹은 채 미동도 않고 그림을 바라본다. 그 순간 내겐 피카소의 그림보다 두 사람의 모습이 더 아름답게 다가온다. 피카소의 그림과 함께 이들의 뒷모습은 또 하나의 그림이 되고 모마의 특별한 풍경이 된다.

그 옆에선 운동화에 야구 모자를 쓴 할아버지가 무엇인가를 열심히 메모한다. 중절모를 쓴 다른 할아버지는 다리를 절뚝거리며 그림을 본다. 머리에 쪽 찌듯 백발을 단정하게 묶고 휠체어에 앉은 할머니도 있다. 그녀는 빈티지 스타일의 스커트와 연두색 스카프를 둘렀다. 그러고 보면 뉴욕 미술관에는 할머니, 할아버지가 참 많다. 미술관에 젊은 사람들만큼이나 할머니, 할아버지가 많은 게 인상적인 건 내가 어쩔 수 없는 한국 사람이란 얘기다. 그림보다 사람들의 모습에 눈길이 가는 곳이 뉴욕의 미술관이다.

나이가 들수록 깊어지는

　　　　　　　뉴욕은 흔히 잠들지 않는 도시라고 불린다. 하지만 어떤 메트로폴리탄이 쉬이 잠들겠는가? 내게 뉴욕은 '늙지 않는 도시'다. 나이를 먹는다고 초라해지는 게 아니라 좀 더 깊어진다.

　첼시 디아아트센터에서 뉴욕 아트 북 페어가 열렸다. 그리 큰 규모는 아니지만 재기 발랄한 책들이 가득하고 디제이가 틀어 주는 음악이 흥겹다. 북 페어라지만 즐거운 페스티벌 같다.

　어느 할머니는 지팡이를 짚고 있다. 할머니 맞은편에 또 다른 할머니가 있고, 그 할머니 옆에는 할아버지가 있다. 책의 한 페이지를 들여다보는 시선이 오래도록 바뀌지 않는다. 뉴욕에는 이런 분들이 참 많다. 그러니 도시의 에너지가 특별할 수밖에. 나이가 들어도 멈춰 있지 않고 여전히 흐르는 사람들이다.

즐거운 정원

　　　　　　　백발을 풀어헤치고 선글라스를 낀 그녀가 엠파이어 풀턴 페리 스테이트 파크에서 나뭇가지를 꺾어 동그랗게 묶고 있다. 그녀의 발밑에는 어른 키보다 좀 작은 나뭇가지와 자갈이 수북하다. 바로 옆에서 그녀를 지켜보고 있지만 나와 그녀 사이엔 아무 말도 오가지 않는다. 잠시 후 무슨 작업을 하냐고 물으니, "글쎄 나도 잘 모르겠는데 그냥 느낄 수는 없나요?" 하고 되묻는다.

　우슬라 클락. 쉰아홉, 독일 출생의 그녀는 뉴욕에서 28년을 살았다. 쌀쌀한 날씨에 그녀는 맨손으로 나무를 만지고 있다. 거친 나무들이 손을

상하게 할 텐데 왜 장갑을 끼지 않느냐고 물었더니, 맨살로 나무를 만지는 촉감이 좋아서란다.

그 다음날, 내가 다시 이곳을 찾았을 때도 그녀는 똑같은 자리에서 맨손으로 작업을 하고 있다. 어제는 몇 개 없던, 동그랗게 묶어 놓은 나뭇가지가 오늘은 잔뜩 일렬로 늘어서 있다. 무슨 대단한 영감을 가지고 하는 작업이 아니라, 시간을 들여 노동을 하는 것 같은 작업이다. 우슬라의 작품은 지난 8월 12일부터 10월 13일까지 매일 아침부터 해 질 때까지 엠파이어 풀턴 페리 스테이트 파크에서 열린 〈즐거운 정원〉 전시 작품 중 하나였다. 우슬라는 다른 사람과 함께 이 전시의 큐레이터 일도 했다. 만약 이런 표현을 쓸 수 있다면, 그녀는 잘 늙어 가고 있다는 생각이 든다.

준, 4층으로 올라와

작은 갤러리에 전시 중인 작품은 12점뿐이다. 12점의 작품가격 총액은 오십만 천 달러, 5억 원이 넘는데 이미 많은 작품이 팔렸다.

진 실버쏘른. 맨해튼 5번가, 하늘로 치솟은 듯 높고 화려한 빌딩에 있는 갤러리에서 그녀 작품을 처음 보았는데 오늘 그녀를 만날 기회가 생겼다. 작품 한 점에 4만 불의 가격이 붙어 있는 그녀의 작품을 본 나는 뉴욕에서 잘나가는 작가 한 사람을 만난다는 호기심에 들떠 있었다. 한편으로는 50년생이란 지긋한 나이, 교수에다가 작가라니 잘난 척하고 까다로운 여자가 아닐까 하는 생각도 하고 있었다. 그런데 나중에 알고 보니 바로 눈앞에 그녀가 있었지만 그녀를 알아보지 못할 정도로 그녀는 평범한 행색이었다. 조그마한 키에 커트머리, 청바지에 회색 면 티셔츠, 블루 컬러의 스니커즈를 신은 소녀 같은 여자가 진 실버쓰론이었다. 이런 낭패감이란……. 그녀를 만나고 나서야 갤러리에서 본 작품 하나가 그녀의 자화상이라는 것을 알았다. 그녀와 함께 31년을 살아 온 남편의 머리카락과 고무를 사용해 만들었는데 실제 그녀 모습과 똑같다.

며칠 후 소호에 있는 그녀의 작업실을 찾았다. '죤, 4층으로 올라와. 진.' 그녀가 건물 현관 유리창에 메모를 붙여 놓았다. 소호의 건물에서 내 이름이 쓰인 메모를 발견하는 일은 소호 거리를 거닐다가 우연히 휠체어를 탄 백남준 선생과 부인인 구보타 시게코 여사와 마주쳤을 때만큼 현실감이 느껴지지 않았다. 경사 급한 계단을 올라가 가쁜 숨을 내쉬며 노크를 하자 진이 활짝 웃으며 나를 맞는다. 작업실 안에는 여러 가지 재료와 도구, 박스가 여기저기 쌓여 있다. 뉴욕에서 잘나간다는 사람에 대한 선입견과 다르게 그녀의 작업실은 소박했다.

"대개의 뉴요커가 그렇듯 나도 뉴욕 출신이 아니야. 필라델피아에 살다가 서른여섯에 뉴욕으로 왔고 마흔이 돼서야 첫 번째 전시를 했어."

그 후 진은 20년 동안 뉴욕에 살고 있지만 언제나 새롭고 파격적인 것만을 요구하는 도시에 중압감도 느낀다 했다. 나와 얘기하는 동안 여러 번 뉴욕은 '거친 도시'라고 했다. 렌트비가 폭등해 더 이상 젊고 가난한 사람들이 살기 어려운 도시로 변해가는 것도 안타깝지만 그럼에도 불구하고 '뉴욕을 사랑한다.'고 했다. 언젠가 누구도 더 이상 당신 작품을 사지 않는다면 어떻게 할 거냐고 물었다.

"작품이 팔리기 시작한 건 최근 일이야. 난 사실 오랫동안 작품을 팔지

누구도 당신에게
무엇을 하라고,
하지 말라고 말할 수 없어.
당신은 당신 그 자체야.

ⓒ Prison Window, Robert Gober

못했어. 하지만 작품이 팔리기 때문에 작품을 만드는 건 아냐. 그저 해야 한다고 느끼기 때문에 하는 거지. 작품이 안 팔려도 내가 이런 일 외에 무슨 일을 할 수 있겠어?"

그녀는 지금 자기가 사는 모습이 좋다고, 다시 태어나도 지금 같이 살 거라고 했다. 진의 낭만적인 말과 다르게 작업실은 철문으로 꽁꽁 닫혀 있다. 감옥처럼 느껴지기도 한다.

"누구도 당신에게 무엇을 하라고, 하지 말라고 말할 수 없어. 당신은 당신 그 자체야. 나는 그 자유를 사랑해. 혹독한 대가를 치를지도 몰라. 하지만 난 내가 하고 싶은 일을 하는 게 좋아."

진은 다음 주에 아일랜드로 떠난다. 그녀는 1년에 2주간 아일랜드와 파리에서 학생들을 가르친다. 이번 여행은 파리에 처음 간다는 어머니를 모시고 가는 특별한 여행이기도 하다.

삼바! 청춘이란?

비가 내리는 일요일 밤 9시, 우산을 들고 집을 나선다. 그리니치빌리지의 블리커 거리 Bleeker St.의 징크 바 Zinc Bar에서 브라질 밴드의 연주가 있다. 내가 사는 28번가에서 6호선 지하철을 타고 네 정거장이면 소호다. 하우스턴 거리 Houston St.와 브로드웨이 사거리에서 세 블록 정도 떨어진 징크 바는 아주 작다. 테이블이라고 해야 고작 열 개 정도. 스무 명 정도면 꽉 찰 공간에 세 평 가량의 공간이 무대다. 입장료 7달러. 바에 앉으면 상관없지만 테이블에 앉으면 최소한 두 잔의 음료를 시켜야 한다. 늘씬한 브라질 보컬의 노래가 흥겹다. 비 오는 밤, 빠른 템

포의 삼바 음악과 함께 실내의 공기는 점점 뜨거워져 간다. 바에서 일하는 웨이트리스는 가슴이 깊이 파인 옷을 입은 백인 여자다. 그녀는, '난 당신이 몇 잔을 마셨는지 알고 있어.' 하는 식의 표정으로 추가 주문을 채근한다.

그녀의 무대가 끝나고 다른 남자가 무대에 선다. 서너 가닥으로 땋은 머리가 허리까지 내려오는 구릿빛 피부의 중년 남자다. 그는 한국의 꽹과리 두드리듯 손바닥보다 조금 큰 인디오 악기를 스틱으로 두드리며 구성지게 노래를 부르기 시작한다. 조금 전까지 노래를 부른 늘씬한 브라질 보컬의 목소리도 좋았지만, 쉰이 넘었을 것 같은 이 남자만큼 가슴을 후벼 파지는 않았다. 밴드의 리더로 보이는 키보드를 연주하는 남자도 이마에 주름이 가득하다. 도대체 뉴욕이란 곳은 뭐지? 하는 생각이 들 때가 이런 때다. 20대란 나이만으로 아름다운 생물학적 청춘보다 더 빛나는 중년의 청춘을 항상 눈앞에서 볼 수 있는 곳이 뉴욕이다. 치렁치렁한 머리를 빼면 공사장에서 막 일을 마치고 온 인부 같은 그가 뜨겁게 노래를 이어간다.

도어맨, 넥

내가 사는 미드타운 30번가 콘도미니엄에는 네 명의 도어맨이 있다. 그 중 한 사람인 넥을 처음 만났을 때 그는 다음 달이면 "아흔이 된다."고 했다. 열한 살 때 스페인에서 뉴욕으로 왔고, 제2차 세계 대전에 5년 동안 참전했다. 미국에서 태어난 아내와 결혼한 지 63년이 지났는데, 더할 나위 없이 좋은 여자라고 자랑을 한다.

아침에 넥을 만나면 항상 그는 "좀 춥지만 햇볕은 좋아." 하는 식으로 인사를 건넨다. 네 명의 도어맨 중 유일하게 내 이름을 부른다.

넥도 남들처럼 예순이 좀 넘어 일을 그만두었다. 여행도 다니고 소일하며 지내던 어느 날, 이렇게 사는 것보다는 일을 하는 게 더 나을 것 같다는 생각이 들었다. 넥은 우연히 도어맨을 구한다는 광고를 보고 면접을 봤다. 예순을 훌쩍 넘긴 나이 때문에 다시 일할 수 있을까 하는 기대가 쉽게 이루어질 거라고는 생각하지 않았다. 그런데 면접을 보고 집으로 돌아오니 아내가 반색을 하며 말했다.

"전화가 왔어요. 내일부터 출근하래요!"

그게 벌써 20여 년 전 일이다.

넥은 자기 인생이 아주 성공했다고는 생각하지 않는다 했다. 하지만 모든 사람이 의사나 변호사가 될 수 없는 일이고, 그래야만 하는 것도 아니라고 덧붙였다. 넥은 자식들에게 신세지지 않고, 자식들도 부모에게 의존하지 않는다. 어려운 일이 생기면 기꺼이 도울 마음을 갖고 있다.

"지금 받는 월급으로 생활비를 하면 남는 건 하나도 없어 저축은 못하지만, 부족한 것도 없어. 이 정도면 괜찮은 인생이라고 신에게 감사해."

어느 날 아침, 넥이 보여 줄 게 있다며 오래된 흑백 사진을 한 장 꺼낸다. 해군으로 제2차 세계 대전에 참전했을 때 동료들과 찍은 사진이다.

"준, 내가 누구인지 알겠어?"

지금의 넥처럼 조금 마른 사람을 가리키니 넥이 웃으며 고개를 젓는다. 이도 아니고, 저도 아니란다. 나는 결국 넥을 찾지 못했다. 마침내 넥이 한 사람을 가리키며 말한다.

"이때는 몸이 참 좋았지!"

오래된 사진 속에서 스무 살 초반의 젊은이가 환하게 웃고 있다.

플라멩코에 취한 밤

소호의 엔 바 N Bar에서 플라멩코 공연이 열렸다. 근사한 무대나 화려한 조명 같은 건 없다. 테이블과 테이블 사이 고작 두세 평 정도의 공간에서 댄서와 가수, 기타리스트가 춤과 노래를 선보인다. 때로는 애절하고 때로는 파워풀하다. 세 사람의 몸짓과 노래만으로 작은 가게 안은 금방 달아오른다.

예상과 달리 오늘 밤의 주인공은 박수치며 노래를 부르던 젊은 여자가 아니다. 내게 등을 보이며 서 있던 나이 지긋한 여자가 주인공이다. 그녀가 어느 순간 갑자기 빠른 스텝으로 춤추기 시작한다. 아쉽게도 그녀는 등을 돌리고 춤을 춘다. 그녀의 얼굴을 볼 수 있는 순간은 그녀가 회전할 때처럼 잠깐뿐이다. 그러나 그 순간은 선명하고 강하게 다가온다.

고혹적이라 해야 할까? 춤을 춘다고 해서 가벼운 웃음을 흘리지도 않고, 대단한 절정에 달한 것처럼 보이지도 않는다. 오히려 화가 난 듯 입술을 굳게 다물고, 운명을 받아들이지만 굴복하지는 않겠다는 듯 도도하다. 어두운 실내에서 드레스마저 짙은 남색인 탓에 그녀의 몸짓을 제대로 볼 수는 없지만 그녀의 팔이 공중으로 치솟을 때면 조명을 받아 허공을 보듬어 안는 게 선명히 드러난다. 브라보! 내 입에서 나도 모르게 탄성이 터져 나왔다.

그녀가 춤추는 모습을 보며 헤밍웨이가 즐겨 마셨다는 쿠바 칵테일 모히토 Mojito를 마셨다. 허브와 라임 가루를 넣어 빻은 후 럼과 소다를 부어 만든다. 그녀의 춤 때문인지 모히토를 한 잔 더 마시고 싶다는 생각이 든다. 술을 거의 마시지 않는 나로선 별난 일이다.

그랜드센트럴 역의 색소폰 소리

　　　　　뉴요커는 모두 뉴욕을 떠나버린 추수감사절 아침이다. 평소 같으면 많은 사람들로 북적거릴 그랜드센트럴 역Grand Central Station 승강장에서 쉰은 훨씬 넘었을 한 남자가 색소폰을 분다. 처음 그의 색소폰 소리를 들었을 때는 내가 탈 지하철이 바로 도착하는 바람에 그를 뒤로하고 지하철에 올랐다. 열린 문 사이로 구부정한 그의 옆모습이 보였다. 사람들이 정신없이 그의 곁을 지나가는데 그는 색소폰을 입에 문 채 전혀 움직이지 않았다. 모두가 바쁘게 움직이는데 오직 한 남자만이 꼼짝 않는 모습은 대단히 비현실적이었다. 나는 다음 정거장에서 내려 그랜드센트럴 역으로 되돌아왔다.

　조금 전 그를 봤을 때는 그가 지하철의 소음 속에서도 계속 색소폰을 불고 있다고 생각했다. 하지만 다시 보니 요란한 굉음을 내며 지하철이 도착하거나 출발할 때 그는 연주를 멈춘다. 그런데 무릎을 살짝 굽히고 상체를 약간 숙인 그의 자세에는 변화가 없다. 눈을 감은 채 색소폰을 입에서 떼어 입술 옆에 가만히 대고 있을 뿐이다. 멀리서 그의 자세만 본다면 그가 여전히 색소폰을 부는 것처럼 보인다. 이렇게 무엇인가 열중하는 모습은 그 자체만으로 격이 있다. 그는 생계를 위해 색소폰을 부는지도 모른다. 그런데 주변을 지나는 사람들 반응에 태연하다. 초조해하지 않는다.

가만히 눈을 감은 채 색소폰을
입에서 떼어
입술 옆에 대고 있는다.
그리고 지하철 소리가 멀어지기를 기다린다.
지하철 소리가 사라지고 나면
다시 연주를 시작한다.

페인트공 헨리의 벤치

　　　　　　1850년, 런던이나 파리의 공원을 부러워한 뉴욕의 부유한 상인들과 토지 소유주들은 센트럴 파크의 건설을 제안한다. 3년 후 주 의회가 맨해튼 중심부 땅 86만 평의 사용을 승인하면서 센트럴 파크 건설이 시작된다. 동서 800미터, 남북 4킬로미터에 이르는 거대한 공원이 건설되기 전 이 지역에는 돼지를 치는 가난한 아일랜드 출신 농부와 독일 출신 정원사들이 모여 살았다. 세네카 빌리지라는 뉴욕에서 가장 큰 흑인 거주지도 있었다. 세 개의 교회와 학교 하나가 있었지만 센트럴 파크의 조성과 함께 모두 사라졌다. 그러나 일단 조성된 센트럴 파크는 술과 도박 대신 가난한 노동자들이 신선한 공기를 마시며 자연 속에서 쉴 수 있는 곳이 되었다. 뉴욕 지도를 볼 때마다 맨해튼 한복판에 거대하게 자리 잡은 센트럴 파크는 경이롭다. 이 땅을 탐낸 자들이 얼마나 많았을까. 센트럴 파크의 면적은 조성 이전보다 단 한 평도 줄지 않았다. 오히려 1863년에는 110번가까지 103만 평으로 증가했다.

　한나절 센트럴 파크를 산책하면서 두 개의 이름과 만났다. 하나는 스트로베리 필즈Strawberry Fields의 대리석 모자이크 판에 새겨진 '이매진 imagine'이라는 노래 제목을 보면서 떠오른 '존 레넌'이란 이름이고, 다른 하나는 우연히 앉았던 호수 앞 벤치의 등받이 동판에 새겨진 '헨리 시 루다'라는 이름이다. 스트로베리 필즈는 이곳을 자주 산책했던 존 레넌을, 벤치 위 동판은 센트럴 파크에서 일했던 페인트공 헨리를 추억한다. 동판 위에는 '센트럴 파크에서 수년 동안 페인트공으로 일한 헨리 시 루다를 사랑하는 마음으로 추억하며' 라는 문구가 쓰여 있다.

센트럴 파크는 존 레넌뿐만 아니라 평범한 페인트공 한 사람의 이름도 간직하고 있다. 어쩌면 헨리의 조부모나 부모도 뉴욕으로 이주해 온 가난한 이민자로, 공원이 조성되기 전부터 이 지역에서 살았는지도 모를 일이다. 헨리는 매일 아침 녹색 페인트 통 하나와 붓을 들고 센트럴 파크의 수많은 벤치들을 살피며 페인트가 벗겨진 곳을 보수하고 칠을 하는 것으로 하루를 보냈을 것이다. 한 번쯤은 헨리의 기념 동판이 새겨질 이

벤치에 앉아 호수를 바라보며 담배를 한 대 피워 물었을 것이다. 그때 그에게 삶은 만족스러운 것일 수도, 힘겨운 것일 수도 있었지만 그는 묵묵히 자기 일을 계속했다.

그리고 센트럴 파크의 벤치 하나는 그의 이름을 영원히 추억한다. 페인트공으로 평생을 산 헨리는 자신의 이름이 새겨진 벤치 하나를 가졌다. 나는 내 이름이 새겨진 벤치 하나라도 가질 수 있을까.

뉴요커들은 뉴욕이 세상에서 넘버원 시티라고 말한다. "아이 러브 뉴욕! I love New York!" 이 말은 뉴요커에게 흔히 듣는 뉴욕에 대한 찬사다. "나는 뉴욕이 싫어! I hate New York!"이란 말도 "아이 러브 뉴욕!" 만큼 많이 듣는다. 하지만 "나는 뉴욕이 싫어!"조차도 크 의면에는 뉴욕에 대한 지긋지긋한 애정이 깔려 있다. 뉴욕에서 태어난 '오리지널 뉴요커'나 다른 곳에서 뉴욕으로 이주한 '이방인 뉴요커'나 모두 한결같이 뉴욕을 떠나서는 살 수 없다고 한다. 자신이 사는 도시에 대해 이렇게 자부심을 갖는 사람들이 또 있을까?

내게 뉴욕은 삶에 대한 열정이 가득한 도시다. 내가 만난 뉴요커는 나이 드는 것을 두려워하는 대신, 지금 하고 싶은 일에 열정을 쏟는다. 남이 나를 어떻게 보는가는 관심 밖이다. 지금 일에 올인하는 것도 정신없는데 남을 신경 쓸 여유 같은 건 없다. 뉴욕에서 창문 너머 맞은편 건물에 사는 사람이 섹스 하는 모습을 보게 되는 건 별난 일이 아니다. 그만큼 서로에게 관심이 없다. 오히려 "내가 섹스하는 걸 누가 지켜보는 게 무슨 상관이냐?"하고 말할지도 모른다. 그들에게 중요한 건 "내가 남에게 어떻게 보이는지가 아니라, 지금 하는 섹스를 어떻게 하면 더 잘할 수 있느냐?" 하는 문제다. 뉴요커들을 규정하는 것은 남이 아니라 자기 자신이다. 어차피 누구도 자기에게 관심을 주지 않는다. 그러니 뉴욕에 살면 독립적이 될 수밖에 없다. 독립적으로 살 수 없다면 뉴요커로 사는 일은 포기해야 한다. 또한 모두가 치열하기에 경쟁도 치열하다. 어찌 전투적으로 단련되지 않겠는가? 이렇다 보니 뉴욕에서 살 수 있는 사람은 세상 어디에서도 살 수 있다는 말이 나온다.

주먹 불끈 쥐고, 여기 샌드위치 하나!

페이 류

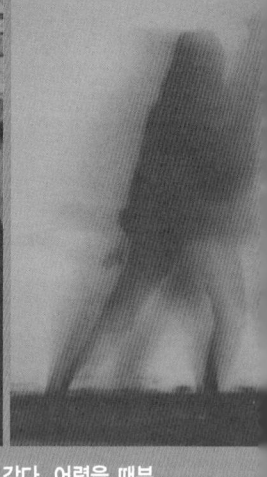

뉴욕에서 가까운 뉴저지에서 태어나 세 살 때 캘리포니아로 이사를 갔다. 어렸을 때부터 뉴욕에 살고 싶었던 그녀는 브라운 대학에서 프랫으로 학교를 옮긴 후 뉴욕에서 8년을 살았다. 스물아홉 살, 총명한 눈빛의 그녀는 브루클린에서 고양이 두 마리와 함께 지낸다. 퀸즈의 작업실에서 일러스트를 그리며 넉넉지 않은 생활을 한다. 얼마 전 〈뉴욕타임스〉에 페이가 그린 일러스트가 실렸다. 부모님은 한국 사람이지만 그녀는 한국말을 전혀 못한다. 우연히 거리에서 헤어진 남자 친구를 만났을 때 팔짝팔짝 뛰며 반가워하던 모습이 기억난다.

왜 하필 뉴욕이었을까

'페이'라는 이름은 베트남식 이름 아닌가?

아니, 페이는 미국식 이름이야. 엄마 아빠는 내 이름을 미국식으로 짓고 싶어 하셨어. 엄마는 자기 이름이 미국에서 너무 특이하다고 싫어하셨거든.

부모님이 한국어를 가르치려고 했을 것 같은데?

아니, 그다지. 그런 데다 학교를 다니기 시작하면서부터 주위에 영어로 말하는 사람들밖에 없으니 당연히 영어만 하게 되잖아. 두 분의 관심은 오로지 내 학업이었는데, 당장 학교 공부할 게 많으니까 한국어는 부차적인 게 될 수밖에 없었어.

대학에서는 무슨 공부를 했어?

두 가지를 전공했는데, 하나는 비주얼 아트, 다른 하나는 민속학. 1학년과 2학년은 브라운 대학에서, 3학년과 4학년은 프랫Pratt에서 다녔어. 뉴욕에 살고 싶고 미대에 다니고 싶어 프랫으로 학교를 옮긴 거야. 아빠는 내가 미대로 옮기는 걸 마음에 들어 하지 않으셨지만 말리지는 못하셨어.

작업실을 퀸즈에 구한 이유가 있어?

렌트비가 싸잖아. 롱아일랜드 시티의 위치가 애매하기 때문이지만. 이 건물에 입주한 아티스트들이 공동체를 만들려고 하고, 오픈 스튜디오 행사도 하고, 전시 공간이 있는 것도 좋았어. 첼시나 윌리엄스버그가 그랬던 것처럼 점점 더 많은 아티스트가 이곳으로 모여들어 뉴욕 미술의 새로운 거점이 될 것 같아.

요즘은 주로 무슨 일을 해?

디자인 일. 프리랜서야. 네일 디자인도 하고. 그저께는 포토샵 프로그램을 다룰 줄 아는 사람을 구한다는 사람도 만났고, 다음 주에는 유아 용품을 만드는 회사에서 면접을 봐야 해. 하고 싶은 일을 하면서 돈 버는 일은 쉽지 않잖아. 그렇다고 뭐, 불가능하다고 생각하지는 않아.

뉴요커들은 종종 투잡을 갖고 있다며?

뮤지션이나 아티스트라면 돈을 많이 벌지 못할 테니 낮엔 다른 일을 하거나 또 다른 일을 하려 해. 나도 많은 일을 해 봤어. 회사에서 사무를 보기도 하고 웨이트리스, 바텐더……. 하기 싫은 일도 많았지. 궁극적으로야 무엇인가 만들며 크리에이티브하게 살고 싶지만, 당장 렌트비를 내려면 할 수밖에 없지.

한 달에 생활비가 얼마나 들어?

브루클린의 방 하나짜리 아파트 렌트비가 1,000달러, 스튜디오는 다른 두 친구랑 같이 쓰니까 300달러를 내고 그 외 교통비, 식비, 휴대폰 이용료…….

돈을 내는 공연을 보러 간 적이 거의 없어. 항상 무료 공연만 보러 다녔거든. 하지만 요즘엔 생각이 좀 달라졌어. 아무리 비싸도 내가 정말 보고 싶은 공연은 어떻게든 꼭 봐야지 하고. 다시 기회가 없을지도 모르잖아.

결혼에 대해서는 어떻게 생각해?

누군가를 만나 결혼하고 아이를 갖는 것도 좋겠지만 그보다 중요한 것은 내가 원하는 일을 하는 거야. 그럴 수 없다면 누굴 만나든 행복할 수 있을까? 같이 일하고 싶은 사람, 친구가 되고 싶은 사람을 만나 함께 일을 하는 게 나한테는 가장 중요해. 결혼이야 할 수도, 안 할 수도 있어.

왜 서부의 캘리포니아에서 동부의 뉴욕으로 왔어?

어렸을 때부터 뉴욕에서 살고 싶었어. 캘리포니아를 좋아하지만 특별한 일을 찾아보긴 힘들었거든. 난 음악이나 예술에 관심이 많은데 이런 걸 즐길 만한 기회가 많지 않고, 바뀌는 것 없이 매일 보는 사람들, 느릿 느릿한 환경이 지루했어. 그래서 고등학교를 졸업하자마자 뉴욕으로 가려고 했는데, 부모님은 내가 뉴욕에 가는 걸 달가워하지 않았어. 두 분 생각에 뉴욕은 매우 위험한 곳이었거든. 1970년대 부모님이 처음 미국에 왔을 때 뉴욕은 위험한 곳이었고, 30년이란 시간이 지났는데도 그때 기억만 가지고 얘기하는 거야. 90년대 중반 이후 뉴욕은 많이 변했잖아. 결국 뉴욕에서 가까운 로드아일랜드 브라운 대학으로 진학하게 됐어. 부모님과 나의 적당한 타협이었지.

왜 하필 뉴욕에서 살고 싶었을까?

뉴욕은 항상 여러 가지 모습을 보여 주는데다가 자유롭잖아. 보수적인 중부나 서부 사람들과 달리 뉴요커들은 리버럴하거든. 뉴욕에서는 누군가 게이를 인정하지 않거나 싫어한다고 해도 어떻게 해볼 도리는 없어. 그래서 뉴욕에 사는 건 중부나 서부에 사는 것과 완전히 달라. 사람들이 당신 의견에 동의하지는 않더라도 최소한 당신을 적대시하지 않는 곳에서 살고 싶은 것은 당연하잖아. 또 택시를 탈 때마다 여러 인종의 기사들과 얘기하는 것도 재밌어.

그런 점이 뉴욕과 다른 도시의 차이일까?

그렇지. 뉴욕은 작지만 모든 게 응축되어 있어. 이를테면 LA는 모든 게 퍼져 있어서 어디를 가나 차를 타고 가야 해. 캘리포니아는 워낙 땅이 넓어서 항상 차 안에서 생활하잖아. 하지만 뉴욕에선 어디를 가든 그렇게 멀지 않아. 모든 게 내가 손을 뻗으면 닿을 수 있는 거리 안에 있어.

내가 원하는 작업을 하는 데
집중하고 있어.
내가 원하는 삶을
한 가지씩 만드는 시도를 하는 거야.

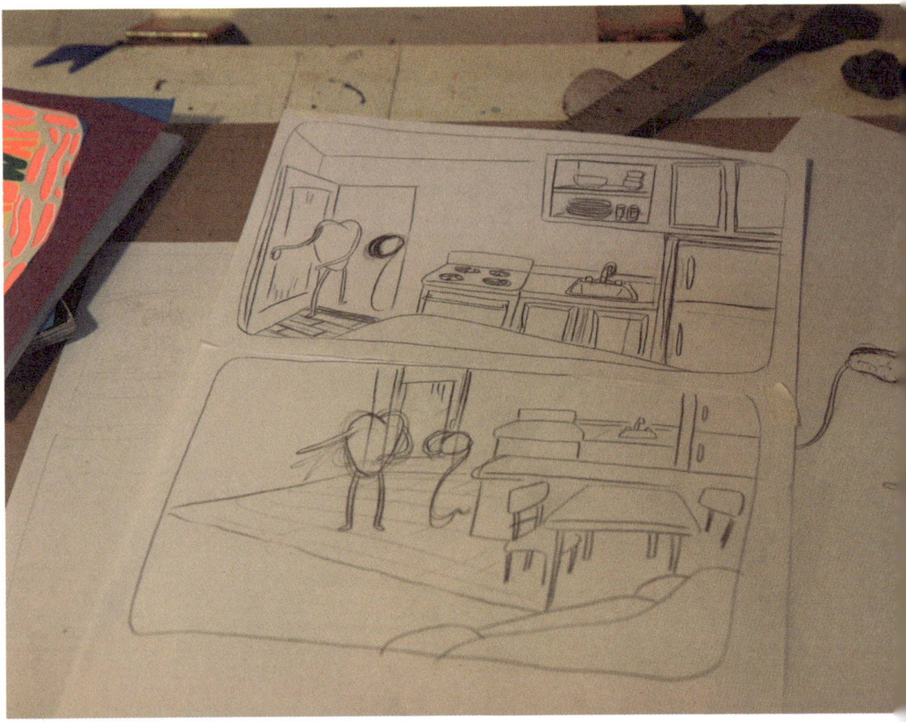

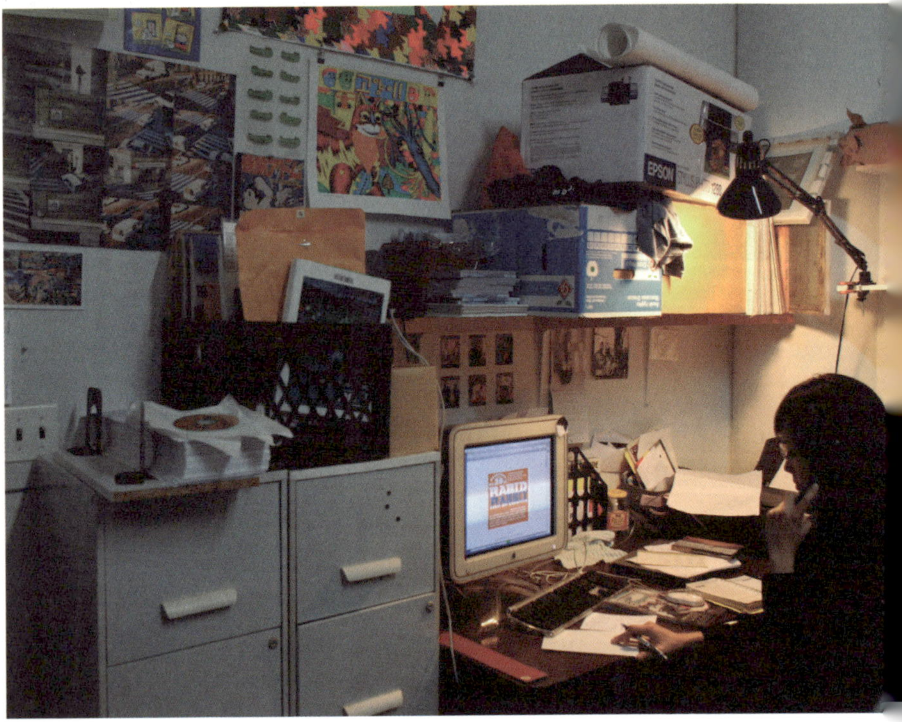
EPSON

라이프 스타일도 달라. 보통 서부는 느긋하고, 동부는 초조하고 불안하다는 식으로 말해. 캘리포니아 사람들이 한가로운 사람들이라면, 뉴욕 사람들은 빨리빨리를 입에 달고 사는 사람들이지. 난 캘리포니아에 있을 때 내가 완전한 '뉴욕 스타일'이라고 생각했어. 하지만 뉴욕에서 지내다 보니 상대적으로 난 '캘리포니아 스타일'이더라고. 그러다 캘리포니아에 가면 다시 성질 급한 뉴요커가 되는 거야.

사람들은 종종 뉴욕의 에너지에 대해 말하던데?

사람들이 말하는 에너지는 항상 어디에선가 끊임없이 무슨 일이 벌어지고, 새로운 볼거리가 있다는 것을 뜻하는 것 같아. 하지만 내가 뉴욕을 좋다고 하는 이유 중 하나는 다양한 사람들이 살고 있다는 점이야.

다양한 사람들과 살면 어떤 점이 좋을까?

다른 사람들에게서 많은 것을 배울 수 있어. 나와는 다른 사람들에게 둘러싸여 살다 보면 내가 생각지 못한 다양한 삶을 보게 돼. 백인이지만 영어를 못하기도 하고, 아시안인데 영어를 잘하기도 하고, 사람들에 대해 도무지 예측할 수가 없어. 그렇다고 해서 한국 사람들이 모두 똑같은 방식으로 산다고 말하는 건 아냐. 하지만 항상 비슷한 얼굴만 볼 수 있는 환경에서 사는 것과 여러 가지 방식으로 살아가는 사람을 볼 수 있는 환경에서 사는 건 다를 거 아냐? 처음 한국에 갔을 때는 이런 차이를 잘 알지 못했어. 하지만 딱 열흘이 지나니까 한 인종의 사람들만 보이는 게 이상했어. 미국과 달리 뚱뚱한 사람이 별로 없는 것도 이상하더라고. 어쩌면 다들 그렇게 말랐을까? 좋아, 한국 사람들이 건강하단 얘기니까. 하지만 열흘이 지나니까 뉴욕의 다양한 사람들 얼굴이 그리워지더라니까. 일본에서 미국으로 이민 온 친구가 하나 있는데, 그 친구도 일본에 갔을 때 나와 똑같은 기분이었대.

한국에 대해 또 기억나는 게 있어?

여자가 거리에서 담배를 피우면 안 되는 그런 상황이 아주 괴상하게 느껴졌어. 문화적인 배경을 이해하려 해도 그건 정말 이상했어. 사실 아주 나쁜 거라고 생각해.

뉴욕에 살아 강해졌다

어떤 사람은 뉴욕에서 사는 게 힘들다고 하던데.

유난히 뉴욕이 살기 힘든 도시라는 말은 틀린 것 같아. 사람들마다 각자가 처한 상황에 따라 느끼는 게 다른 것 같아. 난생처음 뉴욕에 온 사람이나 맨몸으로 뉴욕에 와 힘들게 일하며 사는 사람에게 뉴욕은 살기 힘든 도시일 거야. 하지만 난 이미 뉴욕에 사는 사람을 알고 있고, 사촌도 있고, 내가 무엇을 하고 싶은지 알고 있고, 어떻게 하면 내가 하고 싶은 일을 할 수 있는지도 알고 있었어. 그래서 처음 뉴욕에서 지내는 게 힘들거나 무섭거나 하지는 않았어. 오히려 처음 뉴욕에 왔을 때 난 충격을 받았어. 왠 줄 알아? 사람들이 너무 친절한 거야. (웃음) 뉴욕에 오기 전엔 나도 뉴요커들에 대해 스테레오 타입으로 생각하고 있었던 거지.

뉴욕이 싫다고 느낄 때는?

비싸잖아. 렌트비…….

(항상 총명한 눈빛이 반짝반짝 빛나던 페이가 갑자기 잔뜩 풀이 죽은

표정이 된다. 이 순간 페이는 정말 우울하고 슬퍼 보여 나도 모르게 웃음이 나왔다.)

뉴욕에서 작은 스튜디오 아파트를 렌트할 돈이면 브라운 대학이 있는 로드아일랜드에서는 집 한 채를 빌릴 수도 있거든. 하지만 뉴욕에 오래 살다 보니 지금은 모든 게 익숙해져 버렸어.

자유의 여신상에 가 봤어?

응, 한 번.

8년 동안 한 번?

손님이 오지 않으면 갈 이유가 없으니까. 근데 왜 거길 가야 해?

아니, 사실 난 페이가 안 가 봤을 거라고 짐작했거든.

숙제 때문에 가야 했어. 가고 싶어 간 게 아니고. 하지만 뭐, 재미있었어. 대부분의 뉴요커들은 시간을 들여 갈 정도로 흥미를 느끼지는 않아.

한국계 미국인으로 사는 건 어때?

어렸을 때부터 내 머릿속에서 스탠더드는 '브루스 리' 같은 영화배우였어. 백인들과 피부색이 다른 부모님이 어디서 왔는지 몰랐어. 부모님은 한국에 대해 말해 주지 않았고, 일하느라 너무 바빠 차분히 앉아 얘기를 나눌 기회가 없었어. 한국에서만 살면 전혀 느끼지 못하겠지만, 미국에서는 당신이 어디에서 왔고 어떤 피부색이냐가 매우 중요해. 일을 구해야 하는데, 피부색이 문제라면 기분이 어떨 것 같아? 지금은 나이가 들어 세상이 어떻게 돌아가는지 좀 알 수 있으니까 나아졌지만, 전에는 내가 다른 사람들과 다르다는 게 느껴지면 혼란스러웠어. 지금은 그런 상황이 오면 좋아, 내가 다르다는 건 인정해. 하지만 이렇게 해 보는 것은 어때?

하며 해결 방법을 찾으려고 해.

뉴욕에서 힘든 일은 없었어?

다행히 그런 일은 없었어. 운이 좋았어. 난 도전을 인정하고 받아들여. 내가 원하는 일을 하고, 새로운 일을 시도하며 사는 게 흥미진진해. 내가 원하는 것이 있으면 그것을 얻기 위해 전투가 벌어지는 현장으로도 뛰어들 수 있어. 물론 힘은 들겠지. 또 지독하게 나쁜 일을 당할 수도 있겠지. 하지만 그럴 만한 가치가 있잖아? 힘든 일이 생기면 좋아, 어서 오라고, 모두 상대해 주지! 이렇게 큰소리치는 거야.

(문득 페이가 첫인상과 다르게 씩씩하다는 생각을 하고 있는데, 정작 페이는 자기가 몽상가 같지 않느냐고 묻는다.)

꿈만 꾸는 것 같잖아. 오, 뉴욕! 드디어 내가 빅애플 Big Apple, 뉴욕의 애칭에 왔구나! 내 꿈을 이룰 수 있는 곳! 난 무엇이든 다 할 수 있어! 난 배우가 될 거야! 난 댄서가 될 거야! 난 아티스트가 될 거야! 하며 모두 자기만의 꿈에 부풀잖아. 전에는 그런 사람들을 보면 에이, 바보들아! 하고 비웃었는데 지금은 내가 그중 하나 같네. (웃음)

캘리포니아가 아닌 뉴욕에 살았기 때문에 변한 게 있을까?

좀 더 내 의견을 말할 수 있게 됐어. 좀 더 강해지고 좀 더 독립적이 된 것 같아. 내가 원래 수줍음이 많거든. 아주아주 많아. 그런데 뉴욕에서는 도저히 수줍어할 수가 없어. 수줍어하다 보면 샌드위치 하나 사는 것도 힘들 테니까. 뉴욕에서 샌드위치를 주문하고 싶다면 강해져야 해.

그게 무슨 말이지?

델리에서 샌드위치를 주문하려면 아주 큰 목소리로 말해야 해. 당신

뉴욕,
뉴요커

이 조용한 목소리로 얘기하면 누구도 상관하지 않아. 종업원들은 절대 "어서 오세요. 뭘 드릴까요?"라고 공손히 묻지 않거든. 주먹을 불끈 쥐고, 샌드위치 하나! 이것도 저것도 주세요! 하고 큰 소리로 외치지 않으면 뒤에 있는 사람이 바로 당신 차례를 차지할지도 몰라. 뉴욕에서는 때로 샌드위치를 사 먹는 게 아니라 쟁취해야 하거든. 모든 게 빠르게 돌아가니까 내가 원하는 게 있으면 바로 점프해 들어가 신속하게 원하는 것을 찾아 점프 아웃해야 해. 또 좀 더 터프해지려고 해. 이를테면 여기서 일할 때 누가 문밖에서 노크를 한다고 쳐. 누군지 몰라. 누가 오기로 한 것도 아냐. 그럼 난 목소리를 저음으로 쫙 깔고 힘을 꼭.꼭. 넣어 남자 같은 목소리로 누.구.야!? 하는 거야. 내 목소리와는 완전히 다르게 좀 더 큰 목소리로, 좀 더 공격적으로 말하는 거지.

그런데도 뉴욕에 계속 살고 싶어?

응, 돈이 문제지만. 돈이 없어 뉴욕을 떠나야 할 날이 올지도 모르지만 당장 그런 날이 올 것 같지는 않아. 나이가 들면 캘리포니아로 돌아가고 싶어. 하와이나 LA 같은 곳도 좋을 것 같아. 건강이 나쁘지만 않다면 예순 넘어 뉴욕에 살아도 좋을 거야.

뉴욕을 한 문장으로 표현할 수 있겠어?

뉴욕은, 당신이 여기서 무엇인가를 하고 싶다면 그게 무엇이든 할 수 있는 도시야. 만약 당신이 뉴욕에서 살고 싶다면 뉴욕에서 행복할 거야. 하지만 만약 당신이 뉴욕에서 살고 싶은 마음이 없는데 여기서 살아야 한다면 그건 아주 힘이 들 거야. 뉴욕에 대해 한마디로 말한다면, 아이 러브 뉴욕!

첼시나 윌리엄스버그가 그랬던 것처럼
퀸즈에도 점점 더 많은 아티스트가 모여들고 있어.
퀸즈는 뉴욕 미술의 새로운 거점이 될 거야.

페이는 자기 힘으로 무엇인가 만들면서 살기를 꿈꾼다. 의사나 변호사처럼 부모님이 원하는 직업 대신 자기가 좋아하는 일을 하고 싶다. 흔히 많은 사람이 "내가 원하는 게 무엇인지 모르겠어." 하고 말하지만, 페이는 어렸을 때부터 자기가 원하는 게 무엇인지 알았다고 한다. 자기 욕구에 솔직했기 때문이다. 페이를 잘 아는 한 친구는 페이가 근근이 생활하고 있다고 했다. 브라운 대학 졸업장으로 안정적인 직업을 갖는 대신, 모두가 쉽지 않다고 하는 아티스트로 산다. 50달러짜리 재즈 공연 한 번 보러 가는 게 쉽지 않지만 페이는 어려운 내색이 없고 참 잘 웃는다. 하고 싶은 일을 선택해, 그 일을 하면서 만족한다. 페이를 보면 행복한 삶을 사는 게 아주 쉬워 보인다.

당신도 일주일 만에 뉴요커가 될 거야
브라이언 루리

브라이언은 내가 뉴욕에서 만난 몇 안 되는 뉴욕 태생의 오리지널 뉴요커 중 한 사람으로 뮤지션이자 음반 프로듀서이다. 작업실이 있는 그리니치빌리지에서 15년 동안 살았는데 요즘엔 센트럴 파크가 있는 업타운으로 이사를 가고 싶다고 한다. 나와 얘기를 하는 동안 스코틀랜드에 사는 여자 친구에게 전화가 왔는데 그가 인터뷰 중이라고 하자 휴대폰 너머에서 그녀가 소리 지른다. "브라이언은 뉴욕에서 가장 흥미로운 사람이야!"

뉴욕의 매력은 거리에

뉴욕에 와서 두 달 동안 진짜 뉴욕 출신을 만난 건 처음이네.

대개 다른 곳에서 뉴욕으로 이주해 온 사람들. 이게 뉴요커의 가장 큰 특징이잖아. 어렸을 때 친구들 대부분은 뉴욕을 떠났어. 아마 부모에게서 벗어나기 위해서가 아닐까? (웃음) 뉴욕은 멋진 곳이지만 세상의 전부는 아니잖아.

(하지만 브라이언의 생각과 달리 나는 문득 자기 의지와 상관없이 뉴욕에서 태어난 '오리지널 뉴요커'들은 전 세계에서 뭔가 해 보겠다고 모여든 다부진 '이방인 뉴요커'들의 등쌀에 모두 뉴욕을 떠나 버린 게 아닐까 하는 상상을 한다.)

무슨 일을 해?

다른 사람의 노래를 프로듀싱하기도 하고, 녹음도 해 주고, 내가 부를 곡도 만들고, 다른 사람이 부를 곡도 만들어. 뮤지션, 프로듀서, 엔지니어야.

음악은 언제부터 했어?

열 살 때부터 기타를 쳤어. 음악은 나를 행복하게 미치게 해. 음악이 없으면 우리는 살 수 있을까? 음악이 없다는 건 상상할 수 없어.

다른 일을 해 본 적은 없어?

프랑스 어 번역을 한 적이 있지만 음악을 제외하곤 별로 해 본 일이 없어.

사는 곳은?

여기 그리니치빌리지. 스튜디오에서 멀지 않아. 걸어서 10분 정도 걸려. 전에는 업타운의 어퍼 이스트에 살았고 다운타운에 산 지는 15년 정도 됐나. 그리니치빌리지를 좋아하지만 지금은 업타운에 살고 싶어. 여기는 관광객이 너무 많아. 스튜디오가 있는 이곳은 그나마 조용한 편이지만 내가 사는 6 애버뉴 근처는 관광객들로 북적거리는 데다 공원이라고는 없어. 난 자전거 타고 공원 달리는 것을 좋아하는데 업타운에는 센트럴 파크가 있잖아. 업타운이 한적한 것도 좋아. 이젠 좁은 아파트에서 사는 게 좀 지겨워.

젊은 사람들은 업타운보다 그리니치빌리지나 로어 이스트사이드에서 살고 싶어 하지 않나?

클럽이나 레스토랑, 카페가 많아 사람들이 모여들고, 그래서 누군가를 만나기도 쉬우니까. 하지만 난 여기서 충분히 살았다고 생각해.

당신에게 뉴욕의 매력은 뭐야?

최고의 레스토랑이나 업타운의 뮤지엄을 찾아가는 것도 좋지만 그게 뉴욕의 전부는 아니야. 뉴욕의 베스트는 거리를 걷는 거야. 사람들을 구경하고, 거리를 구경하고, 거리의 에너지를 느껴 봐. 파리를 걸어 다니는 거랑 뉴욕을 걸어 다니는 거는 아주 달라. 파리는 정말 아름답지만 뉴욕

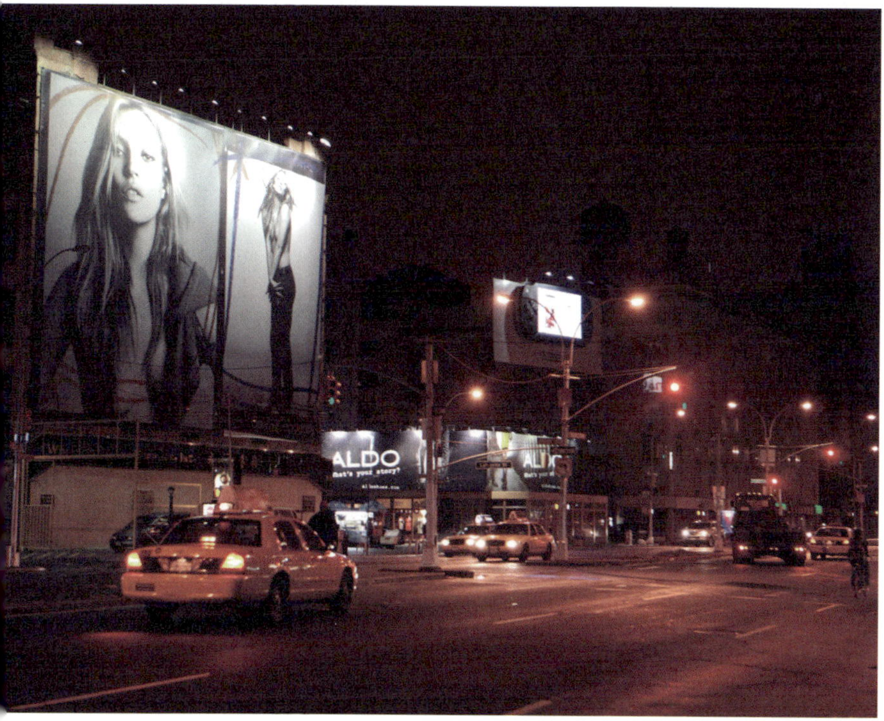
ALDO
What's your story?

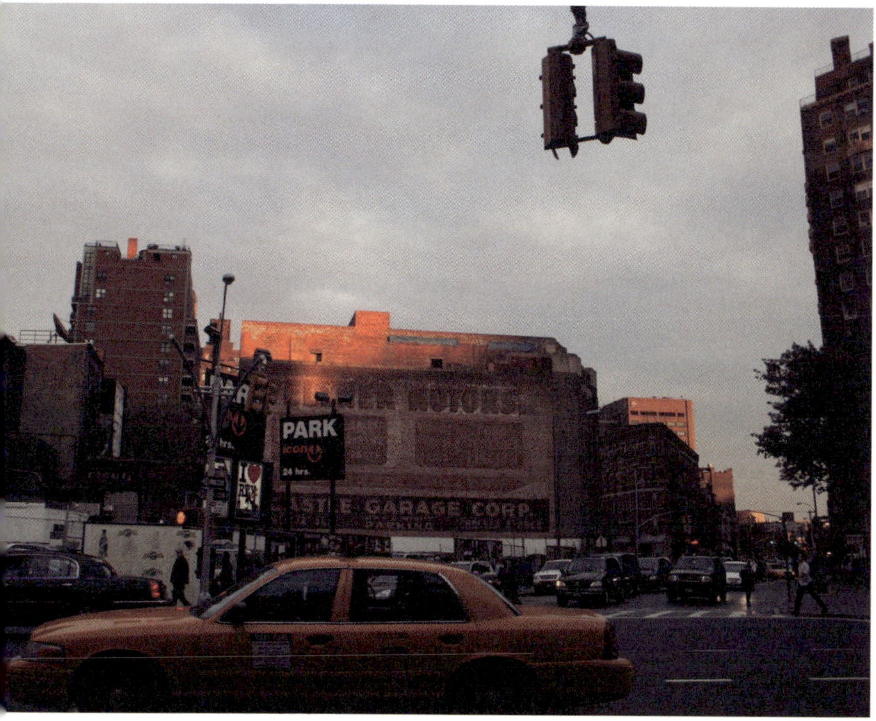
PARK
24 hrs.
GARAGE CORP.

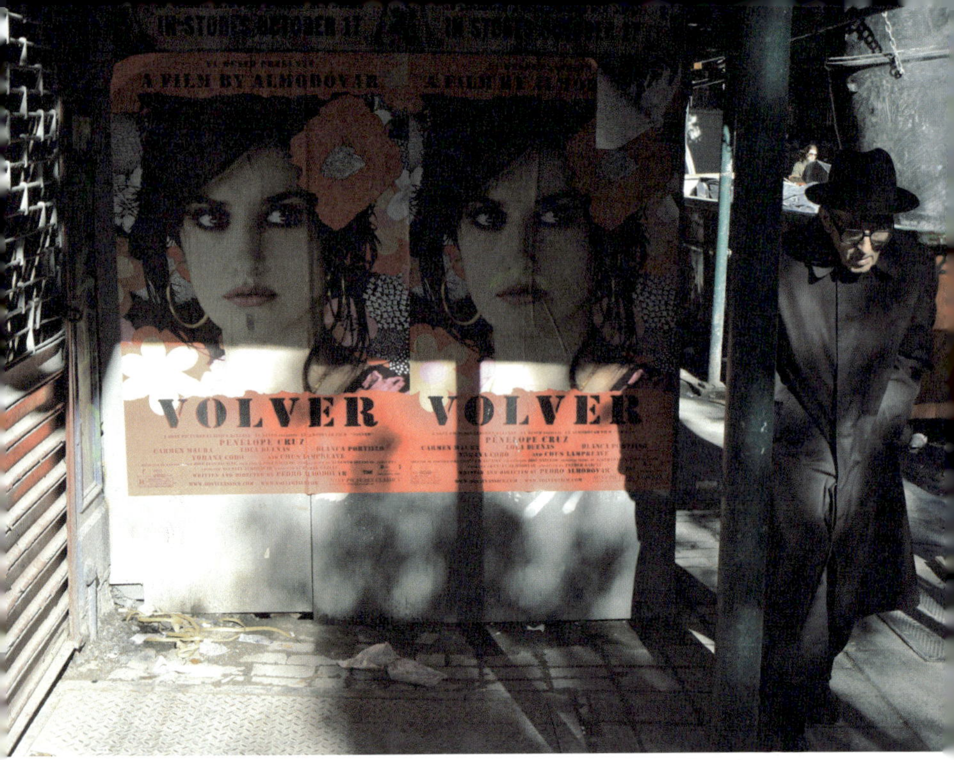
A FILM BY ALMODOVAR
VOLVER
PENELOPE CRUZ
VOLVER

D. DEL RE
81 DALTON AVE
S.I. NY 10306
DEL RE'S GRINDING

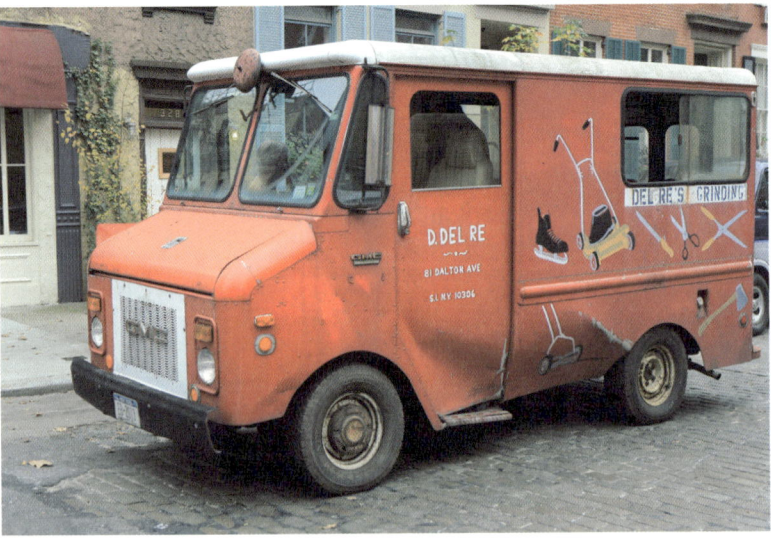

처럼 제멋대로의 사람들을 찾아보기는 어려워. 물론 브루클린 같은 곳에 가 보면 아름다운 브라운스톤 건물들을 볼 수 있지만, 파리나 로마의 건물처럼 역사가 있고 대단한 가치가 있지는 않아. 그러나 파리나 로마에 없는 뉴욕의 볼거리는 스트리트 라이프야. 뉴욕에서는 매일 정말 많은 일들이 벌어지거든. 매일 아침 10시에 집을 나와 작업실까지 걸어오는 10분 동안 얼마나 많은 것을 보고 느끼는지 몰라. 제각각인 사람들, 옷차림, 다른 언어, 몸짓, 게다가 차에서든 가게에서든 다양한 음악이 나오잖아. LA에 같은 곳에 가면 비치에나 가야 사람들이 북적거리지 스트리트 라이프란 게 없어.

뉴욕과 비교하면 샌프란시스코는 어떤 도시일까?

    샌프란시스코는 아주 작아. 인구도 50만밖에 안 돼. 뉴욕 인구는 800만이야. 샌프란시스코도 아름답고 근사한 도시지만, 뉴욕과는 비교할 수 없어. 비슷한 게 있다면 샌프란시스코도 뉴욕처럼 점점 물가가 올라 생활비가 많이 들고 렌트비도 비싸다는 것. 그래도 뉴욕에는 여전히 스트리트 라이프라는 게 존재해. 그런데 샌프란시스코에는 점점 더 잘사는 사람들만 모여드는 것 같아. 부자들만 거리를 걸어 다닌다고 생각하면 재미없잖아. 그들은 웬만해선 차에서 내리려고도 하지 않을걸.

뉴욕에서 잘 가는 곳이 있겠지?

    센트럴 파크와 맥두걸 거리에 있는 마문스Mamoun's 레스토랑. 중동 스타일 샌드위치인 팔라펠이 맛있거든. 뉴욕의 어떤 장소를 특별히 좋아한다기보다 뉴욕을 여기저기 걸어 다니는 게 좋아.

뉴욕에서 태어났잖아. 어렸을 때 뉴욕과 지금의 뉴욕을 비교해보면 어때?

옛날에는 이웃이 많고 정겨웠어. 지금은 깨끗하고 안전해졌지만 사람들 사이의 정은 없어졌어. 모든 게 변하는 것처럼 뉴욕도 변해. 때로는 부정적으로 변하기도 해. 렌트비는 말할 것도 없고, 모든 게 점점 더 비싸지고, 맨해튼은 쇼핑몰과 엔터테인먼트 센터로 바뀌는 것 같아. 작은 가게들은 모두 밀려나고 거대한 쇼핑몰이 들어섰잖아. 뉴욕은 항상 변하는 도시고, 그런 변화가 뉴욕을 특별하게 만드는지도 몰라. 하지만 난 이제 잠시 뉴욕을 떠나 다른 곳에서 지내고 싶어.

왜?

당신이 만난 뉴요커 중 오리지널 뉴욕 출신은 내가 처음이라고 했잖아. 다른 지역에서 뉴욕으로 오는 사람들은 하나의 목표가 있는 것 같아. 돈 버는 일. 물론 배우나 뮤지션, 아티스트가 되기 위해 뉴욕으로 오는 사람도 있지만 대부분의 사람들은 돈을 벌기 위해 뉴욕으로 오는 것 같아. 그러다 보니 어떻게 하면 돈을 많이 벌 수 있을까를 24시간 고민하는 사람들에게 둘러싸여 지내게 돼. 다른 목적을 가지고 뉴욕에 와도 사람들의 관심은 돈 버는 일로 바뀌는 것 같아. 돈 버는 일이 나쁘다고 말하는 건 아냐. 하지만 이런 환경에서 좀 벗어나 지내고 싶다는 생각이 들어.

다른 도시에서 살아 본 적은 없어?

스물한 살 때 파리에서 1년 반 정도 영어도 가르치고 기타 레슨도 하면서 살았어. 파리에는 20년 전에 있던 카페가 지금도 그대로 있어. 20년 전에 인기 많던 카페가 지금도 여전히 인기가 많고, 20년 전과 똑같은 사람들이 드나들어. 어느 유명한 오페라 가수가 20년 전에 어느 카페를 드

뉴욕,
뉴요커

나들곤 했다면 그녀가 살아 있는 한 지금도 여전히 그 카페에 드나들 거야. 누군가 만나고 싶은 사람이 있으면 그 사람이 드나드는 카페가 어디인지 알아내면 그만이야. 반면에 뉴욕? 20년 동안 똑같은 것은 아무것도 없어. 변하지 않는 파리도 좋고, 항상 변하는 뉴욕도 각각의 매력이 있어. 하지만 내가 자란 곳이 완전히 싹 바뀌어 버리는 건 유쾌한 일은 아닌 것 같아.

당신도 금방 뉴요커가 된다

뉴요커는 어떤 사람들일까?

모두 근사하잖아. 여자들은 세계에서 제일 예쁘고. (웃음) 또 운전을 안 하는 사람들이지. 대개 차가 없으니까. 당신도 간단히 뉴요커가 될 수 있어. 만약 당신이 지금 막 뉴욕에 도착했다고 해도 일주일도 채 지나지 않아 금방 적응할 거야. 이미 많은 한국 사람이 여기에 살고 있기 때문이야. 그들은 당신이 뉴욕에 적응하는 것을 돕고, 당신에게 어떤 일을 할 수 있다고 알려 줄 수 있어. 당신이 한국이 아니라 브라질이나 아프리카 가나에서 왔더라도 쉽게 당신 나라 사람들을 만나게 돼. 뉴욕 말고 전 세계의 어떤 도시에서도 이런 일은 가능하지 않아.

당신이 생각하는 뉴요커의 좋은 점은 뭐지?

다른 사람을 자기 마음대로 재단하지 않는 점. 뉴요커들은 당신이 한국에서 왔다고 이방인으로 취급하거나 색안경을 끼고 보지 않아. 당신이 말하는 악센트가 이상하다고 당신을 차별하지 않아. 예를 들어 게이

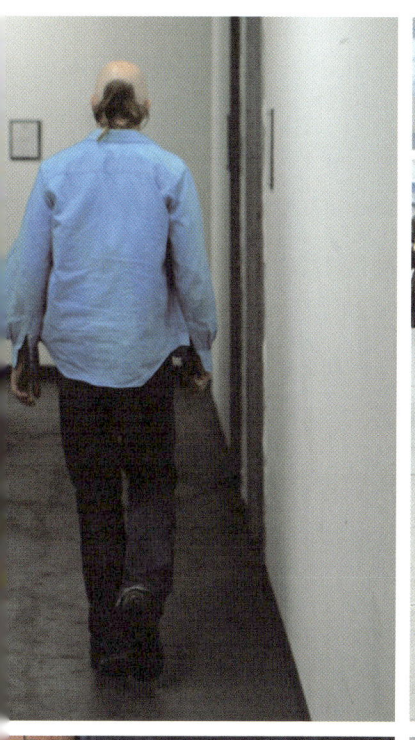

문화에 대해서도 마찬가지야. 어떤 사람들은 게이나 레즈비언이 잘못된 것이라고 말해. 하지만 그건 바보 같은 말이야. 도대체 그들이 무슨 나쁜 짓을 했다는 거지? 서로 좋아하는 게 나쁜 거야? 세상의 많은 사람이 서로를 증오하잖아. 사람이 사람을 증오하는 건 어리석은 짓이잖아. 남자가 남자를, 여자가 여자를 좋아한다고 해서 그들이 나쁘다고 말할 수는 없어. 난 게이 문화에 오히려 유익한 점이 많다고 생각해.

예를 들면?

뮤지컬 스타일 같은 것. 게이 클럽은 다양한 종류의 음악에 대해 스폰서 역할을 하잖아.

종종 런던을 뉴욕과 비교해 얘기하는 것 같던데.

물론 런던에서도 많은 일들이 벌어져. 하지만 뉴욕만큼은 아냐. 런던에 사는 사람들은 런던이 뉴욕 같다고 말해. 하지만 (장난스럽게 목소리를 낮추며) 그건 착각이야. 가장 중요한 차이는 런던에 비해 뉴욕은 오픈 시티라는 사실이야. 런던 사람들은 심지어 백인인 나도 자기들과는 다른 사람으로 받아들여.

뉴욕에는 이민자가 많잖아. 그들에 대해서는 어떻게 생각해?

여러 나라의 레스토랑이 많아지니 좋지. 더 많이 오라고! 많은 사람들이 이곳에서 살기를 원해. 하지만 여기에 사는 모든 사람이 합법적으로 살고 있는 건 아냐. 미국인의 일반적인 사고는 이민자들이 합법적으로 정착해야 한다는 거야. 1940년대 할리우드 영화를 보면 백인이 흑인을 노예로 부리는 이야기가 나오지만 지금은 그렇지 않아. 난 어떤 부류의 이민자들이 이주하건 그런 건 상관 안 해. 난 아시아 음식, 아프리카 음식, 멕시코 음식도 좋아해. 먹는 걸 즐기니까 나한테는 이민자들이 축복이야. 다양한 음악을 접할 수 있는 것도 좋아. 이민자들은 모두 자기 음악을 갖고 오잖아.

아시아를 여행해 본 적 있어?

도쿄와 교토에 가 봤는데 아주 좋았어. 내년에 다시 아시아에 가 볼 생각이야.

일본을 여행하면서 뉴욕과 다른 점을 느꼈다면?

도쿄에선 내가 일본어를 한마디도 못하고, 한 글자도 읽지 못해도 공항에서 길을 찾아 나오는 게 아주 쉬웠어. 시스템이 너무 잘돼 있는 거야. 반면 뉴욕의 JFK 공항? 맙소사! 공항에서 택시나 버스를 타는 곳까지 빠져나오는 게 얼마나 어려운지 알아? 심지어 난 지금도 종종 길을 헤맨다니까. 관광객들은 그 복잡한 데를 어떻게 빠져나오나 몰라. JFK에서 밖으로 빠져나오는 일은 나이트메어 같아. 아무 표지판도 안 보이고, 지하철 타는 데까지 셔틀버스를 타고 빙빙 돌아야 하고, 짐은 많은데 엘리베이터는 작동하지 않고……. 버스든 기차든 택시든 JFK를 무사히 빠져나올 수 있다면 당신은 운이 좋은 거라고!

그의 작업실 건물주는 곧 건물을 허물고 콘도미니엄을 지을 예정이라고 한다. 그로 인해 관리가 전혀 되지 않는 탓인지 천장의 빗물이 스튜디오 바닥으로 뚝뚝 떨어지고 있었다. 브라이언은 전에 사용하던 14번가 작업실에서도 같은 이유로 쫓겨났다. 낡은 건물은 허물고 콘도미니엄! 이게 요즘 뉴욕의 유행인지도 모르겠다. 그러니 넉넉지 않은 뮤지션이 뉴욕, 그것도 맨해튼에 스튜디오를 갖기란 쉽지 않다. 나와 처음 만나던 날 브라이언은 달랑 운동화에 트레이닝복 차림이었다. 나까지 편하게 만든 그의 첫모습이다.

타마코, 고옥숙, 오쑥코

타마코 오카무라

일본에서 고등학교를 졸업하고 뉴욕으로 와 20년을 살았다. 뉴욕에서 보낸 하루하루가 전투 같았다고 한다. 그 비싼 미트패킹에서 〈섹스 앤 더 시티〉의 주인공처럼 산다. 앤티크 숍을 운영하면서 아트 북 디자인과 웹 디자인을 한다. 그런데 내가 뉴욕에서 만난 '타마코 오카무라'는 '고옥숙'이란 이름의 한국 여권을 갖고 있는 재일 동포다. 타마코의 아버지는 제주 출신인데 일본에서 한국 사람을 만나 결혼했다. 일본에서 태어나 뉴욕에서 사는 타마코는 한국어를 전혀 하지 못한다. 어떤 사람은 타마코가 사나워 보인다고 하지만, 그녀는 난생처음 본 나를 많이 도와주었다.

반복되는 생활이 싫었다

뉴욕에는 어떻게 오게 됐어?

　열여덟 살 때 고등학교 졸업하고 왔어. 아주 자연스럽게. 어렸을 때부터 난 내가 미국에 오게 될 거라는 걸 알고 있었거든.

어떻게 그럴 수 있지?

　초등학교를 마치면 중학교에 가고 그다음엔 고등학교를 간다는 걸 알잖아. 그런 것처럼 난 고등학교를 졸업하면 미국으로 가게 될 거라는 걸 알고 있었어.

그럼 유학을 온 거야?

　아니, 아무것도 생각하지 않고 본능적으로 그냥 왔어. 무슨 목적이 있어 온 것은 아냐. 운명 같은 거지. 그래서 미국에 왔고, 여기 와서 내가 무엇을 해야 할지 찾은 거야. 난 어렸을 때부터 학교가 싫었어. 매일 아침 학교에 가고 오후가 되면 집에 오는 식의 생활이 지겨웠어. 어느 날, 엄마한테 학교를 그만두고 미국으로 가겠다고 얘기했어. 엄마는 울고, 선생님은 절대 안 된다고 난리가 났지. 엄마가 제발 고등학교는 졸업하고 가라고 해서 고등학교 졸업 후 미국으로 왔어. 난 본능이 유난히 강한 사람이야. 운명이 나를 여기로 인도한 거지. 얼마나 머물지, 무엇을 할지, 어떤 생각도 하지 않고 그냥 왔어. 어떻게 될지 보자!

일본에서 무슨 문제가 있었던 건 아니고?

학교가 싫었던 게 전부야. 일본이 싫어서 떠난 게 아니라, 미국으로 가야 해서 일본을 떠난 거야. 내 모든 게 일본에 있는데 왜 일본이 싫겠어? 말썽 부리는 학생도 아니었어. 학교 가는 게 싫었을 뿐이야. 일곱 살 때부터 열일곱, 열여덟 살까지 매일 똑같이 아침에 일어나 학교에 가고, 학교가 끝나면 집에 오는 게 지겹지 않나?

처음 뉴욕에 와서는 무슨 일을 했어?

일본 TV 회사에서 일했는데 비서도 하고 편집 조수도 하고……. 작은 회사에서는 모든 걸 다 하잖아.

영어 때문에 고생하지 않았어?

난 항상 미국에 가고 싶었기 때문에 초등학교 4학년 때부터 준비를 했어. 물론 실수도 많이 했지만 처음 영어를 하는 게 어렵지는 않았어. 그런데 뉴욕 사람들은 내가 일본에서 배운 문법과는 다른 문법을 사용하더라고.

공부가 싫은데 NYU뉴욕대에는 왜 들어갔어?

비자가 필요했고 위치가 좋아 학교가기 편해서. NYU는 이름도 그럴싸하잖아. 학교에 연연하지 않았어. 졸업도 안 했고.

학위가 있으면 좀 더 괜찮은 일을 구할 수 있지 않아?

좋은 직업을 갖기 위해 학위를 가져야 한다고 생각한 적은 없어. 공부할 돈도 없었고. 단지 일본으로 돌아가고 싶지 않았으니 여기서 일을 해서 살 방법을 찾았던 거지.

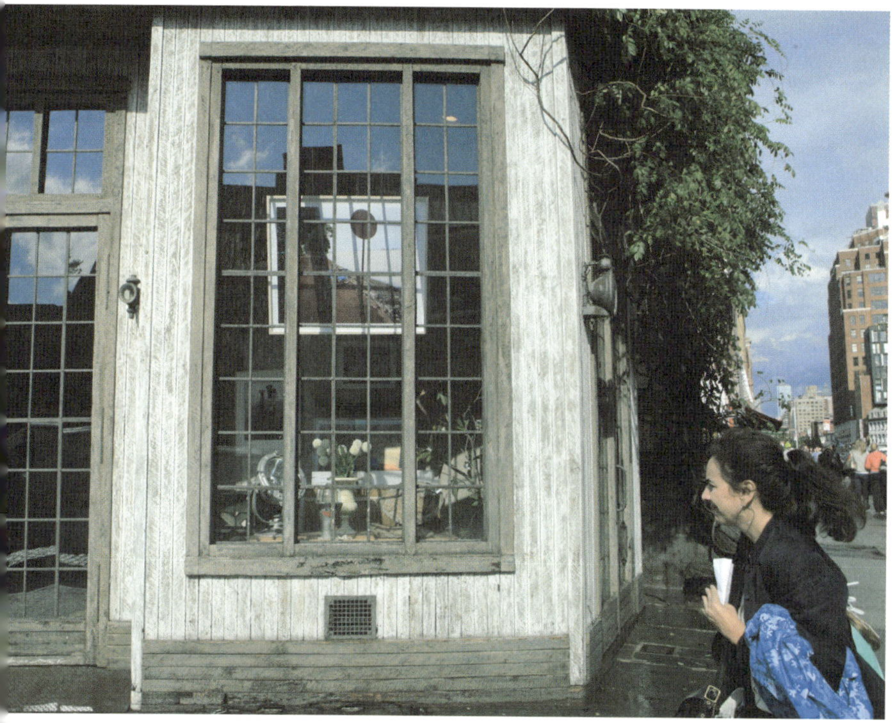

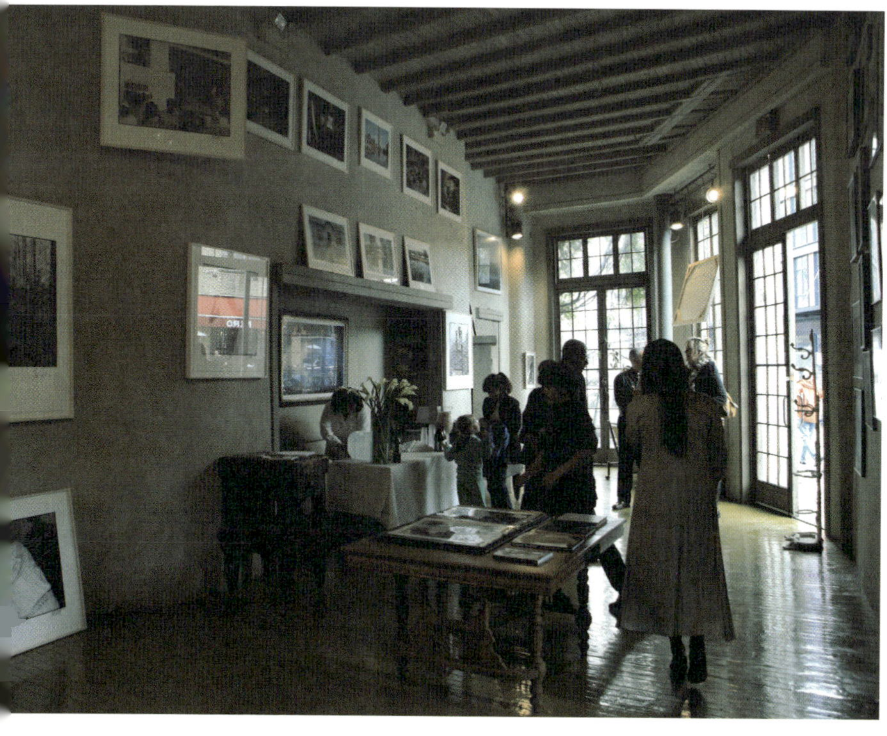

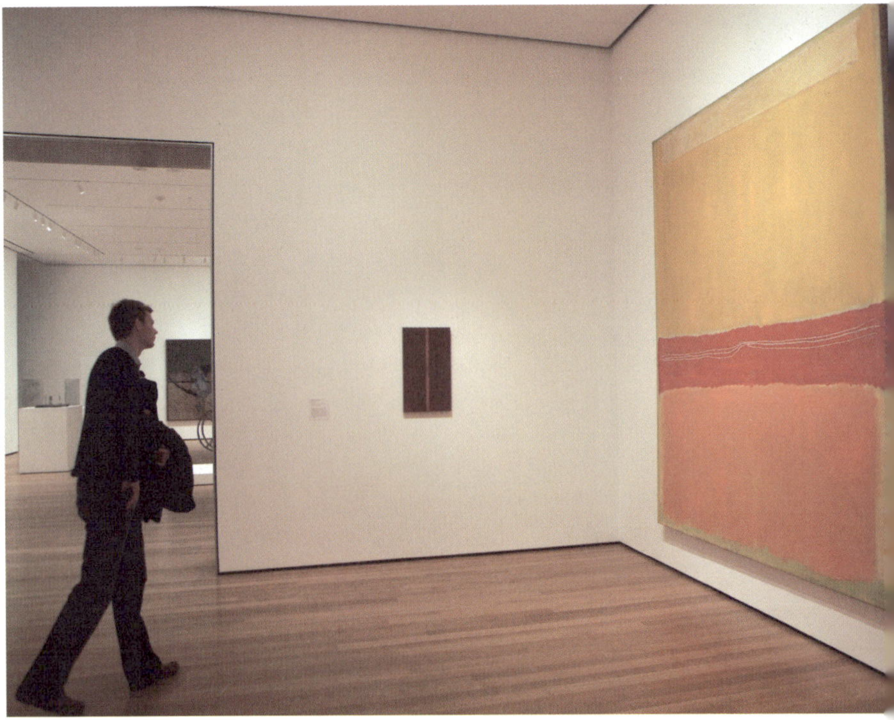

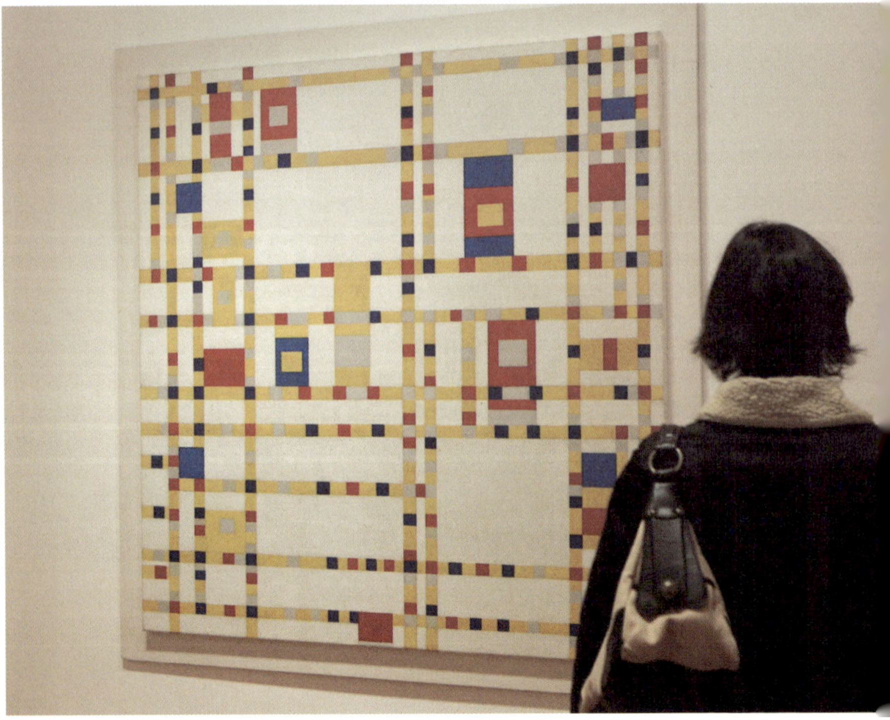

지금은 어떤 일을 해?

    아트 북, 웹, 그래픽 디자인을 하는 멀티미디어 디자이너야. 애니메이션도 만들고, 한편으로는 전 남자 친구의 일을 6년 정도 돕고 있어. 로맨틱한 관계는 끝났지만 비즈니스 파트너로 일해. 인테리어 디자인 컨설팅도 하고, 이 공간을 갤러리로 대여해 주기도 해. 결국 내가 원하는 건 창조적이고 아름다운 일을 하면서 항상 무엇인가를 배우는 거야.

왜 창의적인 일을 하고 싶어?

    레오나르도 다빈치 그림을 보는데, 그림을 보자마자 눈물이 나기 시작했어. 정말 의아했어. 기껏해야 그림 한 장에 불과한데 왜 눈물이 나는 거지? 그건 아마 그 안에 내재된 에너지 때문일 거야. 레오나르도 다빈치 그림을 자세히 살펴보면 디테일이 살아 있잖아. 얼마나 많은 선들이 그림 안에 있는지 알아? 그는 모델의 영혼을 그릴 수 있는 사람이었어. 좋은 작품은 사람을 움직이는 에너지를 갖고 있어. 좋아하든 싫어하든, 눈물이 나든 분노하든, 무엇이든 누구나 느낄 수 있어. 음악을 연주하든, 노래를 하든, 음식을 만들든, 아이를 키우든 그 안에 깊이 다가가 무엇인가 짠한 걸 느낀다면 그게 중요한 거 아냐? 새들이 울고 바람이 불고 나뭇잎 색깔이 변하는 게 예술 아냐? 일본에서 그냥 살았다면 이런 걸 몰랐을 거야.

세계가 이 작은 도시 안에 있다

당신이 생각하는 뉴욕의 매력은?

    일본과 완전히 다르다는 점. 세계가 이 작은 도시 안에 있어. 사람들에

세계가 이 작은 도시 안에 있어.
세상의 모든 게
여기 응축되어 있기 때문에
뉴요커는 여행을 떠날 필요가 없는지도 몰라.

게서 많은 걸 배울 수 있어. 세상의 모든 게 여기 응축되어 있기 때문에 뉴요커는 여행을 떠날 필요가 없는지도 몰라.

뉴욕에는 진짜 유명한 사람들이 많이 살아. 카페에서 무심코 옆 자리에 앉아 있는 사람에게 말을 걸었는데 그 사람이 정말 유명한 사람일 수도 있어. 당신은 그 사실을 모른 채 이야기를 하는 거지. 뉴욕은 워낙 좁고, 워낙 다양한 사람들이 살고 있기 때문에 좋은 사람이건 나쁜 사람이건 흥미로운 사람들을 자주 만날 수 있어.

(하긴 내가 뉴욕에 있는 동안 갔던 소호의 피자 가게 'Lombardi'에는 잭 니컬슨이, 소호에 있는 한국 식당 '우래옥'에는 니콜 키드먼이 자주 드나든다고 한다.)

사람들을 만나면 어떤 점이 재밌어?

여러 상황에서 사람들이 대응하는 방식이 완전히 달라. 그런 차이를 느끼는 게 매혹적이지. 사람들과 대화를 하는데 상대방이 어떤 이야기를 할지 도무지 예측할 수가 없어. 왜냐하면 문화나 자라 온 환경이 완전히 다르기 때문이야. 이름도 모르는 아프리카 어느 나라에서 온 사람이 아프리카에서 어떻게 살았는지, 무슨 생각을 하고 사는지 짐작할 수 있겠어? 일본에서라면 비슷하잖아. 대부분 중산층이고, 경험도 비슷해. 하지만 여기서 만나는 사람들은 완전히 달라.

(그러고 보니 타마코의 숍에서 본 중년의 흑인 남자가 생각났다. 할렘에서 작은 뮤지엄을 운영한다고 했다. "저 남자는 아프리카에서 왔어." 타마코가 웃으며 말한다. "그가 어떤 사람인지 상상도 못할걸. 아프리카 어느 부족의 추장이었대.")

그럼 뉴욕에서 싫은 점은?

소음! 이 세상에서 유일하게 인간만이 소음을 만들어 내. 그리고 뉴욕에서 보니 좋아하는 것도 싫어하는 것도 사람이네. 또 새로 인터넷이라도 신청하려 하면 도대체 뭐 하나 신속히 되는 게 없잖아. 신용카드에 문제가 생겼다고 쳐 봐. 케이블 TV도 좋고, 인터넷도 좋아. 같은 얘기를 세 번, 네 번, 다섯 번은 해야 한다니까. 일본에서는 이런 일이 일어나지 않거든. 이런 일을 당할 때면 뉴욕은 정말 바보 같다니까.

(인터넷을 신청하고 열흘 후에나 설치가 가능하다는 말을 들었을 때 난 정말 "사랑합니다, 고객님!"의 한국이 그리웠다.)

뉴욕에서 특별히 좋아하는 곳이 있어?

다운타운을 좋아해. 이스트빌리지나 웨스트빌리지. 흥미로운 사람들을 많이 볼 수 있거든. 웨스트빌리지는 유럽 같은 느낌이야. 비즈니스 지역이 아니어서 큰 빌딩은 없고 작고 예쁜 타운 하우스가 늘어서 있는 느낌이 좋아.

어퍼 이스트나 어퍼 웨스트 같은 업타운은?

나이 많은 사람들이 많이 살고, 좀 더 가식적이라고 해야 하나? 어퍼 웨스트는 뉴저지 사람들이 맨해튼에 살고 싶을 때 사는 곳이야. 뉴욕 사람들은 항상 뉴저지 사람들을 시골 촌놈이라고 무시하거든. (웃음)

(그래서 뉴요커들은 금, 토요일 밤에는 집에서 쉰다. 왜냐하면 그날은 '아마추어'를 위한 날이기 때문에. 주말이면 뉴저지, 코네티컷 같은 촌구석 사람들이 SUV를 몰고 도시 구경을 나온다. 영화관과 식당은 미어터지고 클럽은 닭장이 된다. 뉴요커는 이미 주중에 사람도 만나고 즐

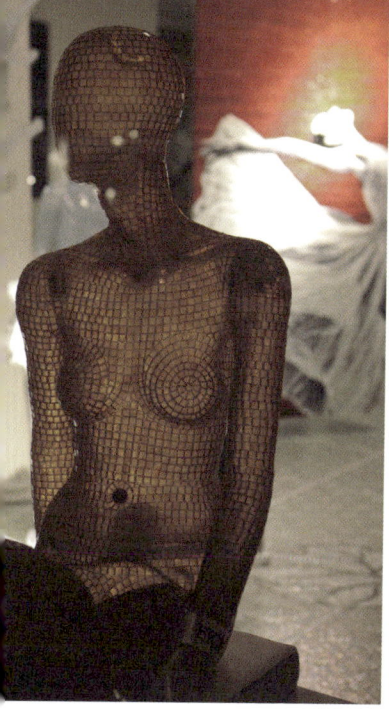

길 것도 다 즐겼을 테니 물 안 좋은 그 48시간 동안은 집에서 비디오나 보며 보내자고 생각한다.)

뉴요커들이 무례하다고 비난하는 사람들이 있던데?

왜냐하면 우리는 너무 바빠. 가게에 가 보면 이런 식이잖아. "이말 저말 하지 말고 그냥 당신이 원하는 것만 말해. 난 바쁘다고!" 뉴요커들은 매우 직선적이야. 가끔 뉴욕을 벗어나면 사람들이 하도 친절해서 놀란다니까. 운전을 하다가 길을 물어보면 정말 자세히 설명해 주려는 거야. 그럼 난 큰 소리로 말하지. "잔소리 말고 어떻게 가는지 요점만 말하라고!" (웃음) 하지만 뉴요커들은 아주 솔직해. 내가 얼마나 무례한지 얘기해 볼까? 옷을 사려고 가게에 갔어. 가게 여자가 어떤 옷을 입어 보라고 권하는 거야. 하지만 나는 그 옷이 나한테 어울리지 않는다는 걸 잘 알기에 사양했지. 그런데도 여자는 계속 입어 보라는 거야. 난 무례할 생각은 없었어. 솔직하게 말했을 뿐이야. "내가 만약 이 옷을 입으면 지구 밖에서 온 블랙 원더우먼 같을걸!" (웃음) 하지만 이건 사실 그녀를 힐난하는 게 아니라 나를 비하한 거라고! 뉴요커들은 이런 식이야. 만약 그 여자도 나처럼 생각하면 함께 웃고 말겠지만 그렇지 않으면 난 정말 무례한 인간이 되는 거지. LA 사람들은 달라. 관심이 없으면서도 관심이 있다고 말하는 식이지.

뉴요커와 비교하면 일본 사람은 어때?

슈퍼 솔직하지 않지. 그들은 너무 예의가 발라 문제야. 일본 사람은 싫어도 싫다고 말 못하고 "생각해 보겠다."라고 말해.

타마코, 고옥숙, 오쑥코

뉴욕에서 일본 여자로 사는 건 어때?

미국은 백인, 금발, 앵글로색슨의 푸른 눈을 가진 사람들이 환영받는 곳이잖아. 그 외 백인들, 흑인들, 아시안들, 중남미 사람들은 마이너일 뿐이야. 내가 일본에서 왔다고 하면, 아시아나 일본을 좀 아는 사람이면 "일본의 테크놀로지는 정말 놀랍죠!" 하며 아는 척을 해. 반면 대부분의 경우 아시안 여성을 어떻게 바라보는지 알아? 남자에게 말없이 순종하는 존재. 한 가지 이미지가 더 있는데 그건 매춘부야. 웃기는 건 아시안 매춘부만큼 백인 매춘부도 많지만, 꼭 아시안 매춘부를 강조하는 사람들이 있어. 뉴욕에서 살려면 강해져야 해. 그렇다고 뉴욕에 사는 게 전적으로 어렵다는 말은 아니야. 누가 날 성가시게 하면 못하게 하면 되니까. 일을 하는 데 난 변명하지 않아. 여자라서, 내가 아시안이라서 뭘 할 수 없다는 건 변명이야. 내가 아시안 여성이니까 못해? 아니, 할 수 있어! 뉴욕에선 누구나 열심히 일하기만 하면 기회가 있어. 어디에서 왔든, 남자든 여자든, 인종이나 성별이 중요하지 않아. 난 내가 아시안 여성이란 것을 그다지 의식하지 않아. 내 정체성은 아시안 여성이라기보다는 그냥 한 인간이지. 물론 난 메이저가 아니라 마이너야. 그래서 그게 뭐 어쨌다고? 그냥 내가 할 일을 하는 거야. 아시안 여성으로 살지만 그게 내게 영향을 미치도록 내버려 두지 않는 거야. 매일매일 살아가면서 내 나이가 몇이구나 하고 생각해? 걸어가면서 내가 남자구나, 여자구나 하는 걸 생각해? 그렇지 않잖아. 내가 몇 살이니까 이렇게 행동해야지 생각해? 그냥 내가 하고 싶은 걸 하잖아. 웃기는 건 여기서 만나는 사람들이 내가 아시안 여성이라는 걸 생각하게 만들어. 사람들을 만날 때마다 날씨 얘기를 하는 것처럼 정말 똑같은 질문 세 가지! 뉴욕에서 얼마나 살았어? 어디서 왔어? 무슨 일을 해? 내가 일본에서 왔다고 하면 눈을 동그랗게 뜨고 이렇게 말하는 사람들도 있어. "일본에 가면 거리에서 사무라이를 볼 수 있나요?", "일본 사람은 실내에서 슬리퍼를 신는다면서요? 그럼 신발은 어쩌죠?" 심지어 아직도 닌자가 있다고 생각해.

뉴욕에 사는 게 힘들지는 않아?

항상 새로운 걸 알게 되는 게 재미있어. 언제나 새로운 뭔가를 찾으려고 했어. 물론 이해할 수 없는 일도 생기지만, 그런 거야 세상 어디에서나 벌어지는 일이니 받아들이면 그만이야. 어떤 일에 부닥칠 때마다 받아들이는 법을 알게 됐어. 사람들은 왜 이런 식으로 생각하고 행동하는지 고민하는 게 날 자극해. 공존하기 위해서는 이해하려 노력하고, 존중받으려면 존중해야 하고, 생존하려면 받아들여야 하는 거야.

뉴욕에서 만난 사람 중 가장 기억나는 사람은 누구야?

전남편……. 아티스트였어. 성숙하고 독립적이고, 진보적인 사람이었어. 주제 있는 대화를 좋아했고, 미래를 볼 줄 알았어. 나보다 스무 살 많았지만 나이가 많아서 성숙한 사람이란 말은 아냐. 나이가 사람을 성숙하게 하기도 하지만 종종 나이와 성숙함과는 무관하잖아. 한 사람을 더 꼽는다면 전 남자 친구. 그에게 예술에 관해 많이 배웠어. 난 두 사람이 가진 이면의 모습도 잘 알고 있지만, 그들의 지적인 모습은 매우 기억에 남아.

여기서 가장 힘들었던 시간이라면?

남편이 죽었을 때, 그리고 작년과 금년……. 수술을 두 번이나 했어. 처음에는 받아들일 수 없기 때문에 저항하고, 왜 하필 나야? 하며 자기연민에 빠져 있었어. 하지만 이제 다 지나가 버렸어. 내가 약하다는 걸 깨달았어. 난 내가 아주 강하다고 생각했거든. 내가 더 강해져야 했나 봐.

어떻게 고비를 넘겼어?

항복했어. 맞서 보았지만 아무것도 변하지 않는다면 받아들여야지. 그다음부터는 좀 나아지기 시작했어. 모든 건 두려움에서 오잖아. 때론 두려움을 만드는 건 자기 자신이야. 포기했어. 내가 뭘 할 수 있겠어? 당

장 쫓겨난다 해도 일본에 있는 집으로 돌아갈 수 있어. 언제나 최악은 아닌 거지. 다만 포기한 거야.

뭘?

운명을 변화시키는 것. 내 삶을 내버려 두지 않고 컨트롤하고 싶었거든. 전엔 내가 원하는 대로 삶을 선택할 수 있다고 생각했어. 그런데 지금은 삶이 내가 어떻게 살지를 결정하는 것 같아. 지금 생각해 보면 내가 뉴욕으로 온 것도 내 의지라기보다는 삶이 나를 이곳으로 이끈 것 같아. 내가 왜 여기 와야 하는지 생각한 적이 없다고 했잖아. 지금은 달라졌어. 더 이상 열여덟 살이 아니잖아. 생각도 많이 하고, 두려움도 많아지고 조심스러워졌어.

자기가 태어난 나라를 떠나 다른 나라에서 20년 동안 살면 어떨지 상상이 안 돼.

일본을 다른 시선으로 바라보게 됐어. 일본이 어떻다고 단정 짓던 게 달라졌고, 일본 문화에 대해 더 감사하게 됐어. 일본에 돌아갈 때마다 일본은 평화롭다고 느껴. 거대한 미국에 비하면 작은 섬나라에 불과하지만 그냥 감사하게 됐어. 일본이 깨끗한 것도, 신선하고 맛있는 음식을 먹을 수 있는 것도 고마워. 내가 채식을 해. 언젠가 미국에서 동부 해안을 따라 여행을 하는데 필라델피아를 지나면서부터 정말 음식이 최악으로 치달았어. 말 그대로 정크 음식뿐이야. 샐러드와 감자튀김, 이게 전부야. 미국 사람들은 정말 자기들이 뭘 먹고 사는지 진지하게 고민해 봐야 한다니까. 한번은 웨스트버지니아에서 괜찮아 보이는 레스토랑을 하나 발견했는데 '홈 메이드 토마토 수프' 메뉴가 있는 거야. 잔뜩 기대를 하고 시켰지. 그런데 맙소사! 그냥 토마토 통조림에 설탕을 넣은 거야! 양파, 마늘, 당근 같은 것은 하나도 없어. 그러니 무슨 영양소가 있겠어? 그러다 마이애미에 도착했는데 거긴 좀 나았지. 왜냐하면 마이애미엔 쿠바 사람이 많이 살거든. (웃음)

뉴욕에 오지 않았다면 일본에서 어떻게 살고 있을까?

모르지. 그런 걸 생각할 필요가 있을까? 지금과 매우 다르겠지.

한국계 일본인이잖아. 한국과 일본 어느 쪽을 더 가깝게 느껴?

문화적인 건 일본에 속해 있으니 일본 쪽에 좀 더 가깝겠지. 내 성격은 일본 사람 같은데, 일본 사람보다 한국 사람에게 더 친근감을 느끼는 것 같아. 언젠가 한국에 가서 친척들을 만났는데, 정말 내 가족 같아서 놀랐다니까. 참! 나, 한국 여권 가지고 있어. '오쑥코 타마코는 자기 이름 '고옥숙'을 이렇게 발음했다.', 여권에 쓰인 이름이야. 누구도 날 '오쑥'이라고 부르지 않지만…….

귀화할 생각한 적 없었어?

난 일본 사람이 되고 싶지 않았어. 어렸을 때 남자 애들이 나를 얼마나 괴롭혔는지 알아? 인종이 뭔지 그때부터 생각했어. 그때가 얼마나 예민한 나이야? 늘 내가 누구인지 의문을 가질 수밖에 없었어. 사촌 중에는 결혼하는 데 불편하니까 바꾼 사람도 있지만, 우리 가족은 누구도 국적을 바꾸는 걸 원하지 않았어. 나를 차별하고 미워하는 사람들 국적으로 왜 바꾸겠어?

앞으로 계획은?

지금 하는 일이 정리되는 대로 일본에 돌아가고 싶어. 9·11이 일어나

기 직전에 뉴욕 생활이 끝났구나 하는 생각이 들었어. 왜냐고 묻지는 마. 역시 본능 같은 거니까. 그런데 남자 친구를 만나게 돼서 돌아가지 못했는데 지금은 헤어졌으니까 돌아가서 엄마, 언니랑 가족과 함께 시간을 보내고 싶어. 일본은 정말 아름다운 곳 같아. 한국도 마찬가지야. 아버지의 고향인 제주도에 갔을 때 정말 아름답다는 생각을 했어. 한국 사람은 일본 사람에 비해 열정적이야. 한국 사람을 만나면서 우리 아빠가 한국인이라는 게 자랑스러웠어. 한국에 다시 가면 친척들과 좀 더 많은 시간을 보내고 싶어. 여기서 20년을 살다 보니 난 지금 일본에 대해 외국인의 시선을 가지고 있잖아. 전에는 일본 밖의 세상에 대해 관심이 많았다면 지금은 반대가 된 거지. 뉴욕을 버린다는 말은 아냐. 언제든 돌아올 수 있어. 뉴욕과 일본을 오가며 지낼 수도 있고, 유럽도 좋아하니 1년씩 돌아가며 살 수도 있으려나? 어떻게 될지 나도 모르니 두고 보자고, 타마코 인생의 새로운 장을.

지금은 삶이
내가 어떻게 살지를 결정하는 것 같아.
지금 생각해 보면
내가 뉴욕으로 온 것도 내 의지라기보다는
삶이 나를 이곳으로 이끈 것 같아.

타마코의 갤러리에서 다음 전시의 사진 디스플레이를 돕게 됐다. 프랭크 스튜어트라고 링컨 센터에서 공연을 촬영하는 사진가의 전시다. 일은 산더미처럼 쌓여 있는데 그녀는 좀체 일에 몰두하지 못한다. 미동도 하지 않고 멍하니 앉아 있는 걸 보니 여러 생각에 빠져 있는 기색이 역력하다. 전화벨 소리만이 적막을 깨운다. 문득 나와 동갑인 타마코가 여동생처럼 느껴진다. 나와는 비교할 수 없이 강한 그녀가, 뉴욕에서 일본으로 돌아가고 싶다고 생각한 적은 한 번도 없다는 그녀가 안쓰럽다. 지난 20년간 뉴욕에서의 하루하루가 투쟁과 같았다고 했기 때문일까. 타마코는 자기를 지키기 위해 강해져야 했는지도 모른다. 그녀는 이제 엄마와 언니가 있는 일본으로 돌아가고 싶다고 한다. 하지만 완전히 떠나겠다는 것은 아니다. 잠시 새로운 모험을 떠나는 마음이라고 했다. 그녀는 정체된 삶을 살 수 없는 사람이다.

로마보다 자극적인, 런던보다 관대한

스티브 부처와 안나 코젠티노

스티브는 영국 남부 출신으로 뉴욕에서 25년을 살았다. 브루클린 덤보 지역에서 이탈리아 로마에서 온 안나와 함께 '스프링 spring'이란 디자인 숍을 운영한다. 아주 오래 전 스물네 살 스티브는 고루하고 보수적인 영국에서 탈출해 뉴욕으로 왔고, 스무 살 안나는 우연히 뉴욕에 왔다가 그 자극적인 모습에 반해 로마로 돌아가지 않았다. 영국 남자 스티브와 이탈리아 여자 안나는 우연히 뉴욕의 로어 이스트사이드 거리에서 만나 25년을 부부이자 동료로 살고 있다.

스프링 하면 뭐가 느껴질까?

'스프링'은 어떤 곳이야?

갤러리 같은 숍인데 전체 공간을 매거진처럼 디스플레이해. 이 아이디어는 안나가 생각해 냈어. 매거진이지만 2차원이 아니라 3차원 매거진이지. 1년에 서너 번 정도 이슈에 따라 잡지를 발행하듯 스프링을 완전히 새롭게 꾸미는 거야. 나는 전에 그림을 그렸는데도 안나랑은 전시를 잘 보러 가지 않았어. 이유가 뭔지 생각해 보니 따분한 거야. 그림 왜 따분한 거지? 하고 생각해 봤어. 벽에 그림만 달랑 걸려 있을 뿐 그림을 그린 사람이 아무 설명도 해 주지 않기 때문이야. 그림을 보면서 도대체 무슨 생각으로 이 그림을 그렸는지 이해하면 재미있을 텐데, 그림을 걸어 놓기만 하고 사람들이 어떻게 느끼는지 상관하지 않는 게 이상했어. 그림을 보면서 뭐가 뭔지 잘 모를 때 그림을 그린 사람이 직접 설명해 주면 얼마나 좋을까 하고 아쉬워하곤 했어. 그래서 우리는 스프링을 찾은 사람들에게 작품이 어떤 생각으로 만들어졌는지 친절하게 설명해 주기로 했지. 설명하는 게 즐거워.

(스티브의 얘기를 들으니 처음 스프링에 왔을 때 그가 선량한 눈빛으

로 친절하게 하나하나 설명해 주던 일이 기억난다. 사실 그 친절함 때문에 스티브와 더 이야기 해 보고 싶다는 생각이 들었지만, 한편으로 손님이 올 때마다 일일이 저렇게 설명을 해 주나 의아해하기도 했다.)
왜 '스프링spring'이라고 이름을 지었어? 봄spring이 아니면 여름이나 가을, 겨울이 될 수도 있었을까? (웃음)

당신은 지금 계절을 생각하잖아. 봄spring을 생각해 봐. 당신 머릿속에 떠오르는 봄은 전부 긍정적인 느낌 아냐? 새로운 계절, 성장, 변화란 의미에서 계절을 말하기도 하지만 작은 샘spring에서 강이 시작되는 것처럼 근원이란 의미도 있어. 스프링은 모든 것의 시작이야. 튀어 오르는 스프링spring도 있어. 움츠렸다가 튕겨 오를 것 같은 액션, 에너지, 점프 같은 의미도 있어. 스프링이란 말의 느낌을 생각해 봐. 근사한 단어 아냐? 그래서 우리 가게에는 여러 가지 스프링용수철 컬렉션이 있잖아. 봄이란 계절도 좋지만 역학적인 '점프'의 느낌도 좋아.

'Fuck Design'이라고 쓰여 있는 바이브레이터metal vibrator, 재질에 따라 가격이 다른 두 가지 제품을 판매하고 있는데 스틸은 275달러, 골드는 375달러!를 보고 한참 웃었어.

직접적인 의미로만 이해하지 않으면 좋겠어. 이번 전시 제목은 'In the Dark'야. 어둠 속에서 무슨 일이 벌어지고 있는지 말하고 싶은데 한 가지

방법으로만 얘기하는 건 아냐. 때로는 밝게, 때로는 어둡게, 때로는 비밀스럽게, 때로는 암시하는 식으로 주제를 전하고 싶어. 이런 콘셉트로 작품을 모아 보면 주제는 같아도 작가에 따라, 장르에 따라 제각각이잖아. 그런 게 재미있어.

어떻게 디자인에 관심을 갖게 됐어?

부모님 두 분 다 건축가여서 환경이 근사할 수밖에 없었어. 난 아버지가 건축한 아주 모던한 디자인의 집에서 태어났어. 외관뿐만 아니라 집 안의 소품 하나하나가 다 훌륭한 디자인을 갖고 있었어. 당연히 디자인에 대한 관심이 생길 수밖에 없었지. 지금 난 디자인이 어떻게 흘러가는지 보여 주며 디자인에 집중하고 있지만, 한 가지 장르에만 관심이 있는 건 아냐. 사진가, 건축가, 아티스트, 조각가, 그래픽 디자이너, 섬유 디자이너 등 여러 장르의 사람과 일을 하면서 서로의 장르를 교차시켜 보는 게 재미있어.

영국 남자, 이탈리아 여자

나이가 어떻게 되는지 물어봐도 될까?

아니! (웃음) 생각해 봐야 하는데……, 아마 마흔 여덟인가 아홉인가 그래.

(스티브는 정말 속으로 자기 나이를 한번 따져 보는 것 같다.)

참 젊어 보이는데!

뉴욕 물이 좋은가? (웃음) 여기는 뉴욕이잖아. 25년을 뉴욕에서 살았으니 젊을 수밖에. 분명히 영향이 있을 거야.

뉴욕,
뉴요커

어떻게 뉴욕으로 오게 된 거지?

영국에서 살기가 힘들었어. 실업률은 높고, 직장 구하기가 어려워 실의에 빠져 있었지. 게다가 내가 살던 곳의 하늘은 늘 흐리고 잿빛이었어. 그러던 어느 날 갑자기 차를 팔고, 뉴욕 비행기 티켓을 사서 뉴욕으로 왔어. 무슨 그럴싸한 이유가 있었던 건 아냐. 뉴욕에 대해서는 거의 아무것도 모르고 그냥 왔어.

왜 하필 뉴욕이었을까? 파리 같은 유럽의 다른 도시로 갈 수도 있었잖아?

뉴욕에 다녀온 친구가 있었는데 뉴욕이 재밌었대. 친구와 뉴욕에 대해 이런저런 얘기를 나누다가, 그럼 나도 한번 가 봐야지 했던 거지. 이렇게 오래 여기서 살게 될 줄은 몰랐어. 처음 와서 6개월을 지내다가 영국에 돌아가 6개월을 지내고 다시 뉴욕으로 돌아온 쭉 살고 있는 거야.

왜 다시 돌아왔어?

여기서 보낸 시간이 재미있었으니까. 나이트 라이프가 근사해 매일 밤 놀러 다녔고, 그러다가 안나를 만났어. 안나와 여기저기 가고 싶은 곳도 많았고…….

안나는 어떻게 만났어?

1 애버뉴의 어떤 가게에서 만났어. 벌써 24년 전이네.

(그때까지 조용히 옆 테이블에서 제 할 일을 하던 안나가 큰 소리로 웃는다. 안나와 처음 만난 얘기를 하는 스티브의 모습이 환하다.)

누가 먼저 말을 걸었어?

그때 난 친구랑 함께 있었는데 이 친구 성격이 활달해. 가게에서 안나와 그녀의 친구를 보더니 대뜸 다가가 함께 파티에 가지 않겠냐고 말을 건 거야. 다행히 안나와 그녀의 친구가 거절하지 않고, "그래요!" 이렇게 된 거지.

(안나에게) 처음 뉴욕에 온 건 언제지?

스무 살 때 연극 페스티벌에 참가하기 위해 왔어. 그때 난 학교를 마치고 직장을 구할 때까지 시간이 있었거든.

(안나에게) 배우였어?

응. 하지만 실험적인 연극을 했기 때문에 당신이 생각하는 배우와는 완전히 다를 거야.

(안나에게) 어떻게 여기에 정착하게 된 거야?

처음 뉴욕에 왔을 때 계속 살아야겠다고 생각한 건 아냐. 나도 스티브처럼 한 달 정도 여기서 지내볼까 생각했는데 한 달이 지나고 나니 뉴욕에서 지내는 게 생각했던 것보다 재미있었어. 그럼 다시 한 달만 더 있어 볼까, 했고 그 후에는 다시 1년만 더 지내볼까, 하다 보니 어느 새 20년을 살았네.

(안나에게) 처음 뉴욕에 왔을 때 기억나?

깜짝 놀랐어. 뉴욕은 믿을 수 없는 일들이 벌어지는 활기차고 흥미진진한 도시였거든. 문화적으로도 뉴욕에서 산다는 것은 아주 흥분되는 일이었어. 게다가 난 젊었잖아. 로마에 비해 뉴욕은 아주 자극적인 도시야. 물론 로마도 눈부시게 아름다워. 하지만 로마는 아름다운 여인 같은 모습이야. 여인도 나이 든 여인, 올드 레이디 같은 정적인 도시지. 하지만 뉴욕은 모든 것을 다 가지고 있잖아. 내가 보고 싶은 것을 다 볼 수 있었어. 책에서 본 모든 것이 뉴욕에 있었으니까.

(안나에게) 하지만 그런 점은 로마도 마찬가지 아닌가?

로마는 거리 자체가 박물관이라 로마에서 사는 것은 박물관에서 사는 것과 같아. 하지만 크게 다른 점이 있어. 뉴욕도 로마도 내가 사랑하는 도시이지만 젊은 사람들에게 뉴욕은, 로마가 갖지 못한 엄청난, 어마어마한, 굉장한 에너지를 갖고 있는 도시야.

(안나에게) 무슨 에너지일까?

여기에 머물고 싶고, 살고 싶게 하는 에너지 아닐까? 꿈 많은 사람들, 젊은 사람들이 뉴욕에 오고 싶어 해. 포기할 수 없는 젊은 날의 마지막 꿈같은 도시잖아. 뉴욕에 도착한 사람들은 잔뜩 흥분한 목소리로 말하잖아. 드디어 뉴욕에 왔구나! 드디어 내 꿈이 이루어졌구나! 하고. 당신이 아티스트이든 뮤지션이든 뉴욕에는 더 많은 기회가 있어.

런던과 비교해 보면 뉴욕에 대해 어떻게 말할 수 있을까?

뉴욕과 런던 모두 영어를 사용하는 것처럼 비슷한 점도 있지만 도시 전체를 보면 완전히 달라. 뉴욕은 최악이지! 보통 도시가 발전하는 데 단계라는 게 있잖아. 그런데 뉴욕은 도대체 그런 게 없는 것 같아. 기존의 낡은 건물을 허물고 새 건물을 짓는 데 도무지 딱 들어맞는 게 하나도 없고 무질서하게 느껴져. 이를테면 아무렇게나 확장되어 가는 괴물 같아. 뉴욕의 도로를 보면 공사하는 곳은 또 얼마나 많아? 게다가 뉴욕의 지하철은 끊임없이 멈추잖아. 그런 점에 비하면 런던의 지하철은 낡긴 했어도 아주 훌륭한 셈이지.

영국 사람이 뉴욕에 사는 건 어때?

나쁘지 않아. 뉴욕엔 영국 사람이 많이 살아. 그렇다고 그들과 어울려 시간을 보내는 일은 거의 없어. 내가 영국을 떠난 이유는 영국적인 사고

내가 살던 곳의 하늘은
늘 흐리고 잿빛이었어.
그러던 어느 날 갑자기 차를 팔고,
비행기 티켓을 사서 뉴욕으로 왔어.
무슨 그럴싸한 이유가 있었던 건 아냐.
뉴욕에 대해서는 거의
아무것도 모르고 그냥 왔어.

방식에서 벗어나고 싶은 거였으니까.

영국적인 사고방식이란 어떤 거지?

　영국은 보수적이야. 뉴욕에서 당신은 정말 다양한 사람들을 만날 수 있잖아. 지하철 안에서 맞은편 사람들 얼굴을 둘러보면, 정말 모두가 다른 나라에서 왔잖아. 다들 여기까지 오게 된 사연이 얼마나 구구절절하겠어. 하지만 런던은 모두가 비슷해. 특히 런던을 벗어나면 모두가 똑같아 보여. '영국'이란 하나의 정형화된 모습이 있는 거지. 뉴욕에서 당신은 누구와도 이야기를 나누잖아. 당신의 옷차림이 추레하든, 값비싼 옷을 입었든 사람들은 상관하지 않아. 반면 옷차림에 따라 사람을 평가하는 곳도 있어. 런던은 후자에 가까워. 난 자유를 찾아, 편견에서 벗어나기 위해 탈출한 거야. 하지만 지금은 런던도 많이 변했을 거야. 어떤 사람은 런던을 뉴욕만큼 현대 미술의 흐름을 볼 수 있는 곳이라고 말하기도 해.

그럼 언젠가 런던으로 돌아갈 수도 있나?

　불가능해. 너무 비싸. 뉴욕도 물가가 비싸지만 런던은 미치도록 비싸다고 할까. 달러 가치는 떨어지고 파운드는 여전히 올라가고 있어. 그렇다고 내가 뉴욕으로 온 게 경제적인 이유 때문만은 아냐. 스물네 살, 어디로든 떠나고 싶은 나이 아니겠어?

뉴욕의 싫은 점과 좋은 점

뉴욕에 산다는 건 어떤 걸까?

　뉴욕에서 매일 얼마나 많은 일들이 벌어지는지는 누구도 알지 못할 거야. 얼마 전에 안나와 길을 가는데 저 앞에서 한 여자가 걸어오고 있었어. 그런데 안나와 그녀가 마주치자마자 동시에 걸음을 멈추고 서로를 바라보는 거야. 세상에! 두 사람은 대학 친구였던 거야. 로마에서 대학을 졸업하고 20년 만에 뉴욕에서 다시 만난 거지. 뉴욕에는 이런 우연이 많아. 웬 줄 알아? 정말 많은 사람이 뉴욕에 왔다가 떠나고, 또 다른 사람들이 모여들고 다시 빠져나가거든.

여기서 사는 데 불편한 점은?

일단 뉴욕에 살다가 다른 곳으로 가 살려고 하면 살고 싶은 곳을 찾기가 어려워. 이미 뉴욕의 어떤 편리함에 길들여져 버린 거지. 재밌는 것은 반대로 생각할 수도 있다는 거야. 뉴욕은 코즈모폴리턴 도시잖아. 여기서 온갖 사람들과 뒤섞여 살다 보면 지구의 어디를 가서라도 잘 살 것 같아.

(안나에게) 뉴욕의 어떤 점이 싫어?

도시가 제 구실을 못하는 점 같은 게 싫지. 또 미국 사람은 좋은 의미건 나쁜 의미건 자기들이 넘버원이라고 생각하잖아. 하지만 뭐가 최고지? 전쟁하는 데 넘버원 아냐! 또 렌트비가 문제지. 아주 작은 방 하나에서 서너 사람과 뒤엉켜 자려고 뉴욕에 오는 건 아니잖아.

(안나에게) 그럼 반대로 뉴욕에서 좋은 점은?

내가 여기서 관계를 맺고 살아가는 사람들. 대부분 뉴욕이 아닌 다른 곳에서 온 사람들이야. 매우 밝고 재능 있고, 모두 자기가 뭘 하고 싶다는 본능에 따라 삶을 선택한 사람들이거든. 이들과 함께 이웃 같은 정을 느끼며 사는 게 좋아.

(안나에게) 당신이 꼽는 뉴욕의 베스트는?

웨스트빌리지 걷는 걸 좋아해. 덤보에 있는 공원도 아름다워. 브루클린 브리지 오른편으로 공원이 있잖아. 창고 건물, 거대한 다리 밑 공원, 이 모두가 어우러진 풍경이 좋아. 거기서 로어 맨해튼이 한눈에 보이는데. 나한테는 그게 뉴욕이야. 거기 가면 가슴이 탁 트이고 숨을 제대로 쉴 수 있어.

뉴욕에서 계속 살고 싶어?

영원히 살고 싶은 건 아냐. 그렇다고 어디론가 옮겨 갈 계획이 있는 것도 아냐. 그냥 뉴욕에 온 것처럼 앞으로 어떻게 될지는 잘 모르겠어.

여기에 숍을 오픈한 게 3년 전이라고 했는데 그때와 비교해 보면 어때?

그때만 해도 공장이나 창고가 많고 사람이 거의 살지 않았어. 그런데 언제부터인가 아티스트들이 모여 살기 시작하면서 갤러리도 들어섰어. 하지만 렌트비가 오르면서 많은 아티스트가 이곳을 떠났어.

지금 사는 곳은 어디야?

로어 이스트사이드. 여기서 보면 맨해튼 브리지 건너편이지. 거기도 사람들이 많아졌어. 특히 밤에는 정말 많은 사람들이 몰려들어 거리 전체가 거대한 나이트클럽같이 되어 버려. 그곳에 워낙 오래 살아서 한 블록 가는 데 아는 사람을 다섯 명씩 만나기도 해.

(안나에게) 로마가 아닌 뉴욕에 살기로 선택했잖아. 그 선택이 당신에게 어떤 영향을 미쳤을까?

지하철의 슬라이딩 도어가 열렸을 때 내려서 이 길로 갈지 저 길로 갈지 선택하잖아. 스티브를 만난 것도 하나의 선택이었어. 로마에 살았으

면 지금과는 완전히 다른 모습으로 살고 있겠지. 안정적인 직업을 갖고, 큰 진폭 없이 7~8월엔 휴가를 가고, 집도 사고 좀 더 부르주아처럼 지내지 않았을까?

뉴욕에 와서 내 삶이 바뀌었구나 하는 게 있어?

안나를 만났잖아. 안나를 만나지 않았다면 런던의 남부 어디에선가 살고 있겠지. 나와 안나는 우연히 뉴욕에서 만나 함께 살기로 했어. 우연히 벌어진 일 같지만 우리가 결심했기 때문에 지금까지 여기서 살고 있는 것 같아. 나는 뉴욕에서 회사에 가는 대신 내가 뭔가 만드는 일을 선택했고, 그 일이 지금의 나를 만들었어.

(안나에게) 나이가 드는 것은 어떻게 받아들이고 있어?

할아버지, 할머니, 부모님, 우리 가족 모두가 나이 든 것에 상관없이 긍정적인 사람들이었어. 그래서인지 나이를 먹는 게 겁난다기보다 더 이상 일을 할 수 없게 되면 어떡하지? 하는 고민을 해. 그렇지만 내 얼굴에서 늘어나는 주름살을 쳐다보며 걱정하지는 않아. 나이 들면서 좋은 점도 많아. 스무 살 때가 항상 좋은 건 아니잖아.

**젊은 사람들이 뉴욕에 오고 싶어 해.
포기할 수 없는 젊은 날의 마지막 꿈 같은 도시잖아.
뉴욕에 도착한 사람들은
잔뜩 흥분한 목소리로 말하잖아.
드디어 뉴욕에 왔구나!
드디어 내 꿈이 이루어졌구나! 하고.**

처음 스티브를 만났을 때 그의 나이를 전혀 가늠할 수 없었다. 스티브의 눈빛은 어린아이 같았다. 나이 쉰에 어린아이 같은 눈빛이라니! 나와 스티브가 한참을 얘기하는 동안에도 안나는 수줍은 얼굴을 한 채 아무 말이 없었다.

두 사람의 천진난만한 표정처럼 'spring'은 장난기가 가득하다. 노란색 널빤지에 빨간색으로 '예스!'라고 쓴 간판은 스프링이 문을 열었다는 표시다. 나는 거리에서 유리창을 통해 스프링 안을 힐끔거리지만 스프링 안에선 누군가 거리를 힐끔거린다. 햇볕이라도 가리듯 이마 위에 손을 얹고 바깥을 힐끔거리는 남녀 모습이 유리문에 그려져 있기 때문이다. 스프링 안으로 들어가면 입구에서 검은색 망아지 한 마리가 나를 맞는다. 고개를 들면 벽 위로 비행기가 날아가며 낙하산을 떨어뜨린다. 불이 꺼지면 중세의 엄숙한 궁정화 속 인물들은 야광에 의해 할리우드 영화 속 영웅들로 뒤바뀐다. 스티브와 안나는 내게 "뉴욕은 언제나 특별해!" 하고 말했지만 내 생각엔 "그들이 언제나 특별하다!"

마놀로 블라닉 구두를 가진 여자는 거의 없다

알렉산드라 슈스

알렉스(알렉산드라의 애칭)는 텍사스 주 댈러스 출신이다. 보수적인 텍사스가 숨 막혀 고등학교를 졸업하자마자 동부로 와 필라델피아의 대학에서 경제학과 사회학을 공부했다. 졸업 후 뉴욕으로 와 2년간 살았다. 광고 회사에서 일하고 싶었지만 일자리를 구하지 못해 이 일 저 일을 전전했다. 뉴욕으로 가라고 격려한 그녀의 엄마는 변호사지만, 그녀는 경제적으로 팍팍한 생활을 하며 매달 융자받은 학비를 갚고 있다. 생활은 힘들었지만 뉴욕에 와 남의 시선 의식하지 않고 의지대로 사는 법을 알게 됐다. 뉴욕에서 일자리를 구하지는 못했지만 스물세 살 그녀는 이제 또 다른 변화를 찾아 떠나려고 한다.

텍사스에서 탈출하고 싶었다

학교는 필라델피아에서 다녔고 일은 뉴욕에서 구하고 있는데, 나고 자란 텍사스를 떠난 이유가 뭐지?

나는 항상 북동부로 가고 싶었어. 텍사스에서 필라델피아로, 필라델피아에서 뉴욕으로 가고 싶었어. 여자는 이래야 하고 남자는 이래야 한다는 곳에서 탈출하고 싶었지. 텍사스는 아주 보수적인 도시거든. 난 전형적인 텍사스 스타일의 고등학교를 다녔어. 이를테면 풋볼이 가장 중요하고, 여학생은 치어리더를 하는 학교야. 그런데 웃긴 게 뭔 줄 알아? 풋볼 경기를 할 때는 치어리더로 응원하라고 하면서, 한편으로는 정숙한 여학생은 치어리더 같은 거 하면 안 된다고 해! 내가 자란 곳에서 이상적인 여학생의 모습은 말이 없고, 여성적인 거야. 문제는 내가 전혀 이런 부류의 여학생이 아니라는 거야. 난 어렸을 때부터 페미니스트가 될 수밖에 없었다니까! 난 탈출하고 싶었어. 우리 엄마가 북동부 출신이라는 것도 영향이 있을 거야. 엄마는 내가 다르게 살 수 있다고 격려했고, 나는 동부로 가야겠구나 생각했어. 내가 하고 싶은 일을 하며 존중받는 곳으로 가고 싶었어. 내가 다닌 필라델피아의 여대는 텍사스와 완전히 달랐어.

텍사스에서 배운 것과 정반대로 가르치더라고. (웃음)

필라델피아에서는 언제 뉴욕으로 왔어?

학교를 졸업할 무렵이 되자 필라델피아를 떠나 어딘가 낯설고 흥미로운 곳으로 가고 싶었는데, 마침 4학년 여름 방학 때 뉴욕의 비영리 회사에서 인턴십을 할 기회가 생겼어. 난생처음 뉴욕에 살면서 재미있게 지냈고, 다음 해 학교를 졸업하고 다시 뉴욕으로 왔어. 두 번째 왔을 때도 지난여름처럼 여름만 보내고 돌아가야지 생각했는데, 어쩌다 보니 2년을 살았네. 친구들 대부분은 펜실베이니아 주변에서 일하고 살지만, 나는 뉴욕이란 세상 속으로 뛰어든 거지.

단지 뉴욕이 재미있어서 다시 온 거는 아니잖아?

일단 고리타분한 텍사스로 돌아가고 싶지 않았고, 광고에 관심이 많은데 뉴욕은 광고, 홍보 산업의 메카잖아. 뉴욕에서는 내가 하고 싶은 일에 좀 더 쉽게 접근할 수 있다고 생각했어. 하지만 경쟁이 너무 치열해. 그게 뉴욕의 나쁜 점이라면 나쁜 점이야. 수많은 사람이 뉴욕으로 몰려들지. 광고 회사에서 일하고 싶어 여러 곳을 다녀 봤는데 나 같은 사람들이 너무 많아. 심지어 돈을 받지 않고 일하고 싶다고 해도 그런 사람들이 이미 너무 많다고 사양하는 거야. 게다가 나는 아는 사람도 하나 없어. 도저히 일을 구할 수가 없있지.

뉴욕에서 지난 2년간 무슨 일을 했어?

정치 캠페인, 인터넷 회사, 리서치 보조, 베이커리, 웨이트리스……, 너무 많네. 지금은 은행에서 임시직으로 일한 지 한 달 정도 됐어. 서류나 엑셀 파일을 정리하는 식의 간단한 사무를 보는데, 원하는 일은 아니지만 생활비를 벌어야 하니 할 수밖에 없어. 내가 경제학을 공부했잖아. 경제학이나 사회학을 공부한 사람은 대개 졸업하고 바로 취업하기보다는 대학원에 많이 가. 난 인문학을 공부하는 게 좋았지만 경제학과에서 무슨 기술을 가르치는 것은 아니니까 일자리를 구하는 데는 별 도움이 되지 않았어.

뉴욕과 비교하면 필라델피아는 어떤 곳일까?

뉴욕에서 차로 2시간밖에 걸리지 않지만 뉴욕과 비교하면 모든 게 작지. 면적도 작고, 인구도 적고, 뉴욕처럼 많은 비즈니스도 없고, 문화를 즐길 수 있는 기회도, 유동 인구도 많지 않아. 필라델피아에서는 어디를 가나 아는 사람을 만나게 돼. 도시가 워낙 작으니까 학교에서 만난 친구든 일하다 알게 된 사람이든 어디에서나 마주치는 거지. 마음 편하게 술 한번 마시러 가기 힘들다니까. 하지만 뉴욕은 대도시이기 때문에 필라델피아에서는 가질 수 없던 익명성 같은 걸 가질 수 있다고 할까.

그럼 뉴욕이란 도시의 느낌은 어때?

서부 하면 먼저 선샤인, 할리우드 같은 이미지가 떠오르면서 피상적인 도시라는 느낌이 들어. 뉴요커는 LA 사람들보다는 좀 더 진지하고 생각이 깊다고 할까. 유머도 있지만 약간 어두운 성격을 갖고 있는 것 같은데 날씨 때문인지도 모르겠어. 겨울에는 칼바람이 불고 눈까지 많이 내리잖아.

처음 뉴욕에 왔을 때 특별히 기억나는 일이 있어?

나보다 먼저 브루클린에 살고 있는 대학 친구가 있었어. 그 친구랑 다른 룸메이트랑 살게 됐는데, 난 그때만 해도 맨해튼과 브루클린이 완전히 다르다고 생각했어. 브루클린 하면 여전히 느낌이 좋지 않았어. 한마디로 브루클린 지역에 대해 편견을 가지고 있었던 거지. 그런데 브루클린에 처음 와서 내가 가장 놀란 게 무엇 때문인 줄 알아? 브루클린이 너무 살기 좋은 거야! 지금 내가 브루클린의 매디슨 거리에서 살고 있잖아. 흑인 동네야. 난 내가 흑인 동네에 살게 되고, 또 살 수 있을 거라는 생각은 한 번도 한 적이 없었어. 물론 전에 살아 본 적도 없고. 그래서 처음 여기서 살아야 했을 때, 기분이 이상하고 불안했어. 그런데 살아 보니 사람들이 모두 친절한 거야. 뉴욕이 아니면 내가 지금처럼 흑인 동네에 살 일은 없을 거야. 미국의 작은 도시에서는 한 동네에 이렇게 백인과 흑인, 아시안이 섞여 사는 일은 없거든.

그런 작은 동네가 아니라 뉴욕에 사는 게 흥미로운 점은?

미국의 다른 도시에서는 대개 차를 타고 다니니 델리에나 들러야 사람 구경을 할 정도로 사람 마주칠 일이 없어. 반면 뉴욕에서는 내가 원하든 원하지 않든 나는 사람들을, 사람들은 나를 바라보고 살 수밖에 없어. 뉴욕의 모든 사람이 서로 관찰하는 것을 좋아해. 나도 그래. 내가 뉴욕에 왜 왔나 가만히 생각해 보면 다른 사람은 어떻게 사는지 보고 싶은 것도 큰 이유였어. 텍사스에서 볼 수 있는 사람들 유형은 대개 정해져 있어.

내가 뉴욕에서 잘하는 게임이 뭔지 알아? 지하철을 탈 때마다 어떤 사람을 관찰해서 그 사람에 대해 결론을 내리는 거야. 예를 들어 내 앞에 당신 같은 아시안 남자가 있다고 해 봐. 난 먼저 그의 나이를 생각해 보고, 그다음에는 그가 아시안 아메리칸일까 아닐까 추측해 봐. 대개는 누구와 무슨 이야기를 하고 있고, 무슨 책을 읽는지 힐끔거리는 것만으로 알 수 있어. 책이 아니라 신문을 보고 있다면 어떤 종류의 신문을 보고 있는지 살펴봐. 뉴욕에는 정말 많은 종류의 신문이 있고, 지하철 안에서 사람들은 중국어, 스페인 어, 러시아 어, 한국어 등 모두 자기 나라 언어로 된 신문을 보잖아. 관광객이라면 가이드북이나 지하철 노선도를 손에 들고 다음 역이 어디인지 두리번거릴 테고. 이런 기초적인 정보를 가지고 그 사람에 대한 프로필을 만드는 거야. 재미있어!

뉴욕에는 왜 싱글이 많을까?

당신이 만난 뉴요커는 어떤 사람들이야?

 열심히 일하는 사람들. 월 스트리트에서 일하는 사람이나 그림을 그리는 아티스트나 모두 열심히 일해. 도시가 빨리빨리 돌아갈 수밖에 없지. 또 거리의 많은 사람들이 운동선수처럼 심각한 표정을 가지고 있는 것 같아. 나만 해도 지하철역에서 집까지 걸어오는 동안 그런 표정을 짓는 거야. 왜냐하면 누구에게든 어떤 여지를 주고 싶지 않거든. 이를테면 나는 돈이 없다고 말하는 것일 수도 있고, 누가 내게 말을 거는 게 싫다는 표현일 수도 있어. 하지만 그게 전부는 아냐. 뉴요커는 매우 예의 바른 사람들이야. 뉴욕에는 말이 필요 없는 규칙들이 많아. 이를테면 지하철에서 폴pole에 몸을 기대면 안 돼. 누군가 폴에 몸을 기대면 다른 사람은 폴을 잡을 수가 없잖아. 지하철 문에 기대도 안 돼. 사람들이 타고 내릴 수가 없잖아. 길을 걸을 때는 오른쪽으로 걸어야 해. 왼쪽으로 걸으면 앞에서 걸어오는 사람들과 끊임없이 부닥치게 될 거야. 이런 건 뉴욕에서 누구나 아는 규칙이야. 뉴요커는 이런 규칙을 아주 잘 지켜.

내가 왜 뉴욕에 왔나 가만히 생각해 보면
다른 사람이 어떻게 사는지
보고 싶은 것도 큰 이유였어.

뉴욕에서
마놀로 블라닉 구두를
신을 수 있는
여자는 거의 없어.

뉴요커와 비교해서 남부 사람들이 더 친절하고 사교적이라고 말하는 사람들도 있어. 텍사스에서 거리를 걷다 보면 모든 사람이 인사를 건네지만 그건 좀 가식적이란 생각이 들어. 뉴요커들은 좀 더 진실하다 할까. 남에게 친절한 사람이란 소리를 듣기 위해 친절한 척하지 않아. 그들은 무뚝뚝할지는 몰라도 사실은 예의 바른 사람들이야.

당신이 뉴요커라고 생각해?

뉴요커의 성향을 가지고 있잖아. 시니컬하고, 약간 어둡고, 좌파적인 성향을 가지고 있고……

뉴욕에서 싫은 점은?

항상 누군가가 나를 지켜보고 있는 점. 9·11 이후 어디를 가나 감시 카메라가 너무 많아. 언제나 감시당하는 느낌이야. 난 지하철을 탈 때면 노트를 꺼내 낙서하거나 그림 그리는 걸 좋아해. 그런데 뉴욕에서 그러고 있으면 항상 누군가가 지켜보고 있어. 한번은 지하철에서 스케치를 하는데 한 남자가 지금 뭐 하는 거냐고 묻는 거야. 그림에 호감을 갖고 말을 거는 게 아니라 수상하다는 듯 캐묻는 거지. 어느새 뉴욕이 서로가 서로를 감시하는 도시가 되어 버렸어.

렌트비가 비싼 점도 부담스럽지. 난 지금 600달러를 내는데 정말 작은 방이야. 필라델피아에서는 아무리 비싸야 400달러를 넘지 않을 거야. 뉴욕에서, 특히 젊은 사람들은 항상 어디 살기 좋은 집 없나 하고 찾아 헤매잖아. 안전하고, 쾌적하고, 주변에 식료품 가게와 커피 한 잔 마실 수 있는 카페가 있는 집을 찾아 모두가 헤매고 있어.

한 달에 생활비는 얼마나 들어?

렌트비 외 신용 카드 사용하는 게 보통 500달러 정도, 지하철 정기권이 76달러, 그러면 여기까지 1,200달러 정도 되나? 여기에 학비 대출받은 게 5만 달러인데 매달 500달러씩 갚고……. 학비 대출? 정말 아름다운 미국의 시스템이지. (웃음) 대출이 어디 그거 하나뿐인가. 어유! 매달 한 달 벌어 한 달 쓸 수밖에 없지. 경제적으로 조금만 더 여유 있으면 뉴욕을 더 즐길 수 있을 텐데. 친구들과 술 한잔 마시는 것도 부담이 돼. 한 잔에 보통 6달러 정도 하잖아. 세 잔을 마시면 18달러, 나한텐 적은 돈이 아냐. 가끔은 뉴욕을 벗어나 차를 빌려 햄프턴이나 업스테이트에 다녀오면 좋겠다는 생각을 하는데 그것도 쉽지 않아. 난 지금 은행에서 일하지만 아르바이트에 불과해. 지금은 나한테 이런 일이 맞을까, 아니면 저런 일이 맞을까 계속 찾고 있어. 뉴욕 사람은 대개 뉴욕이 미국의 중심이라고 말하는데, 물론 뉴욕이 어떤 점에서는 특별한 도시라고 생각하지만 뉴욕이 단순히 살기 좋고 생활하기 편한 곳인지는 모르겠어.

뉴욕에는 투잡을 가진 사람들이 많다고 해.

물론 생활비가 많이 들기 때문이지. 그러다 보니 뉴욕에서는 웨이트리스로 일하는 배우를 만나기가 쉬워. 서빙 일은 시간을 조절할 수 있으니까 일하다가 오디션을 보러 갈 수도 있거든.

뉴욕에 유난히 싱글이 많은 이유가 뭘까?

뉴요커들은 결혼보다 일에 몰두하는 경향이 있고, 교육 정도가 높은 것도 하나의 이유라고 생각해. 또 결혼을 한다고 해도 사람들이 생각하는 것보다 훨씬 늦게 결혼해. 나만 해도 어느 정도 나이가 됐다고 결혼해야 한다고 생각하지는 않아. 하지만 텍사스에서는 결혼을 해야 하는 적당한 나이가 있고, 그 나이가 되면 사람들은 카운트다운이라도 하는 것처럼 결혼에 대해 스트레스를 받아. 하지만 뉴욕에서는 그런 식의 사회적 편견이 없어.

한편으로 나한테 뉴욕은 사람을 만나기 어려운 곳이야. 내 남자 친구는 어디에? (웃음) 나와 맞는 사람을 아직 만나지 못한 것일 수도 있지만, 뉴요커는 다들 너무 바빠 연애할 시간이 없는지도 몰라. 그래선지 뉴욕에서는 온라인을 통해 사람을 만나는 경우도 많은 것 같아. 텍사스는 말할 것도 없고, 미국의 다른 곳에서는 온라인을 통해 사람 만나는 걸 터부로 여기거든.

결혼에 대해서는 어떻게 생각해?

부모님이 이혼하셨어. 우리 엄마는 가족법 변호사야. 이혼하려는 사람들과 일을 하지. 그래선지 나도 결혼에 대해 부정적인 생각이 많아. 그다지 결혼하고 싶은 마음은 없고, 결혼을 일찍 할 거라는 생각은 더더욱 들지 않아. 내 생각엔 사람들이 사랑해서 결혼하기보다는 나이가 차니까 결혼하는 것 같아.

〈섹스 앤 더 시티〉의 뉴욕과 실제의 뉴욕을 비교하면 어때?

〈섹스 앤 더 시티〉는 뉴욕의 고급 아파트에 살면서 돈을 펑펑 쓰고 마놀로 블라닉 Manolo Blahnik 구두를 신을 수 있는 사람들 이야기인데, 확실한 것은 뉴욕에서 그런 구두를 신을 수 있는 여자는 거의 없다는 거야. 또 주인공들은 뉴욕에서 가장 근사한 곳만 다니잖아. 그런 생활을 할 수 있는 여자는 정말 극소수지.

뉴욕에서 특별히 좋아하는 장소가 있어?

뉴요커는
월 스트리트에서 일하는 사람이나
그림을 그리는 아티스트나
모두가 열심히 일해.

차이나타운. 나한테는 뉴욕에서 차이나타운이 가장 이국적인 곳이야. 차이나타운 사람들은 영어를 못하고 나는 중국어를 못하니까 말이 안 통하잖아. 말이 안 통하는 것도 재밌지만 차이나타운의 모든 물건은 뉴욕의 어느 곳보다 값이 싸거든. 온갖 물건을 파는 시장을 구경하는 것도 재미있어. 차이나타운 사람들은 소박한 느낌이라 할까.

그럼 뉴욕에서 최악의 장소는?

타임스 스퀘어. 숍! 숍! 숍! 쇼핑! 쇼핑! 쇼핑! 그리고 하나 더 있지. 광고판! 광고판! 광고판! 오, 제발 타임스 스퀘어만은 피해 주세요~.

새로운 변화를 위해 떠난다

지난 2년간 뉴욕에서 지내며 달라진 게 있을 것 같아.

내가 원하는 선택을 하기 위해서는 내 의지대로 살아야 한다는 것. 무엇보다 나 자신에 대해 많이 알게 됐어. 난 내가 하는 일에 따라 행복해지거나 불행해지는 게 분명한 사람이야. 단순한 일을 반복해야 했던 뉴욕에서는 그런 게 힘들었어.

다른 한 가지는, 사람들을 의식하지 않고 내가 하고 싶은 걸 하게 됐다는 것. 뉴욕에 오기 전에는 사람들이 나를 어떻게 보는지를 많이 의식했어. 좀 전에 내가 지하철에서 그림을 그리거나 글을 끼적거린다고 했잖아. 처음에는 사람들을 의식해서 지하철 안에서 아무것도 하지 않았고, 조금이라도 튀는 옷을 입을라치면 사람들이 나를 어떻게 볼까 잔뜩 신경을 썼거든. 그런데 어느 날 갑자기 그럴 필요가 전혀 없다는 것을 깨달았어. 뉴욕에서는 내가 아무리 이상한 짓을 하고 다녀도 사람들은 내게 별로 관심이 없다는 것을 알게 된 거야. 뉴욕에는 나하고는 비교할 수 없을 만큼 평범하지 않은 사람들이 많거든. 사람들의 관심을 끌려면 나 정도 튀어 가지고는 어림도 없어. 그러니 나도 자연히 사람들을 의식하는 게 점점 느슨해졌지. 그러니까 아주 편해지더라고!

10년 후 자신의 모습에 대해 기대하는 게 있어?

하루하루 무엇인가 내 손으로 만들고 싶어. 내가 할 수 있는 한 창의적인 일을 하는 사람이 되고 싶어. 매일매일 새로운 생각으로 새로워지는 사람, 내가 하는 일로 인해 내가 변화하는 사람이 되고 싶어.

왜 창의적인 일을 하고 싶어?

무엇인가 만들어서 나를 둘러싼 환경을 바꾸고 싶은 것은 서류 더미에 묻혀 파일을 정리하고 번호를 매기면서 사는 것보다는 사람의 본성에 가까운 일 아닐까? 내가 하는 일이 본성을 거스르지 않아야 행복하게 살 수 있는 것 같아. 내가 이것을 만들었어! 하고 말할 수 있는 일을 하고 싶어. 구체적이고 실체가 있는 일을 하는 게 내가 바라는 거야.

예를 들면 난 은행원은 할 수 없어. 내가 옆에서 지켜본 대다수의 은행원은 거대한 네트워크 속에서 하루 종일 컴퓨터 앞에 앉아 숫자만 바라보며 키보드를 두드려. 무엇인가를 구체적으로 생산하는 일은 아냐. 돈을 직접 만지거나 다른 사람에게 건네지도 않아. 머릿속에서 의도만 가지고 일을 한다고 할까? 아주 이상하다는 생각도 들어. 어떻게 하루 종일 컴퓨터만 바라보며 살 수 있지? 난 눈에 보이는 무엇인가를 만들고 싶어. 내가 만든 그 무엇 때문에 내가 여기 존재하는구나 하고 느낄 수 있

뉴욕,
뉴요커

눈에 보이는 무언가를 만들고 싶어.
내가 만든 그 무엇 때문에
내가 여기 이렇게 존재하는구나 하고
느낄 수 있거든.

는 것. 그 일로 인해 알렉스란 사람이 존재감을 갖는 거야. 이게 내가 만든 거야, 여기에 내가 있어, 하나의 개인으로서 내 개성이 있어! 하고 말할 수 있는 일을 찾고 싶어.

이제 뉴욕을 떠나려고 하는 이유는?

생활비가 너무 많이 드는 점! 그 밖에도 여러 가지 이유가 있는데 나와 뉴욕이 맞지 않는다고 할까. 여기서 지금 살고 있는 내 라이프 스타일이 내가 원하는 게 아니라는 생각이 들어. 뉴욕에서 일을 하며 살고 싶었는데 그저 렌트비를 내기 위해 단순한 일을 반복하고 있으니 경력을 쌓고 있는 것 같지도 않고. 사실 어떤 일이라도 뭔가 배울 수 있다면 하려고 했는데, 일을 찾는 단계부터 경쟁이 너무 치열하니까……. 요즘 멕시코나 남미로 여행 갈 계획을 세우고 있어. 이런 계획처럼 뭔가 생산적인 일을 하며 살고 싶은데, 뉴욕에서 내가 그렇게 생산적인 시간을 보내고 있다는 생각이 들지 않아. 잠시 뉴욕을 떠나야겠다는 생각이 들어. 새로운 변화를 위해서야. 뉴욕으로 다시 돌아올 수도, 돌아오지 않을 수도 있겠지. 하지만 아까 말한 것처럼 내가 뉴욕을 아주 좋아하는 것은 분명해. 그렇지만 내가 좋아하는 걸 뉴욕에서만 찾을 수 있는 것은 아닐 테니까. 난 아직 어리잖아. 가 봐야 할 곳은 아직 많아. 뉴욕에 도착해서부터 지금까지 지난 2년 동안 나 자신에 대해, 다른 사람들에 대해 많이 알았어. 하지만 아직 많이 부족해. 더 알고 싶어.

알렉스의 방은 폭격 맞은 전쟁터 같다. 정말 발 디딜 틈이 없다. 처음에 난 알렉스가 곧 뉴욕을 떠날 예정이니 짐을 정리하는 줄 알았다. 하지만 알렉스의 방은 언제나 폭격 맞은 상태라고 옆방 룸메이트가 귀띔해 준다. 폭격의 와중에 그녀는 무엇인가를 만든다. 수많은 담뱃갑 위에 그림을 붙이고 쌓아 올리거나 담뱃갑 그 좁은 바닥에조차 수많은 사진을 오려 붙였다. 신문지와 종이 쪼가리를 이용해 거칠게 콜라주해 놓은 것도 보인다. 거칠기 그지없고 정신없고 심지어 불안해 보인다. 내가 어떻게 느끼든 그녀는 끊임없이 무엇인가를 하고 있다. 자기가 무엇을 할 수 있을까 의심하는 대신에 쉬지 않고 새롭게 무엇인가를 시도한다. 시간이 흐르면 알렉스는 지금과 완전히 다른 무엇인가를 만들어 낼 것이다. 그때 그녀는 웃으면서 자신있게 "여기에 내가 있다."고 말할 것이다. 지금 그녀의 나이 고작 스물셋이다. 알렉스의 새 출발을 축하한다.

뉴욕에는 리얼 라이프가 있다

로이드 맥닐

뉴저지의 대학과 뉴욕대에서 학생들을 가르쳤다. 일흔하나의 나이에 여전히 사진을 찍고, 그림을 그리고, 일러스트 작업을 하고, 플루트와 피아노를 연주하고, 서예를 한다. 음반도 몇 장 냈다. 소호 북쪽 노호의 로프트에 35년 넘게 살고 있다. 워싱턴 출신이지만 젊은 날부터 지금까지 뉴욕에서 살았고, 뉴욕에 대해 모르는 게 없는 전형적인 뉴요커다. 내가 《On the Road》라는 책을 썼다니까 바로 잭 케루악이 쓴 책과 제목이 같지 않으냐며 우리가 커피를 마시던 카페 안젤리크 건너편을 가리킨다. "저기에 잭 케루악의 저작권 에이전시가 있어." 뉴욕에서 만난 친구 중 가장 기억에 남는 사람이다.

연애와 결혼

대학 때부터 얘기해 볼까?

워싱턴에서 고등학교를 마치고 군대에 갔다가 제대하고 대학엘 갔어. 그런데 여전히 뭘 해야 할지 모르겠더라고. 그러다가 노스캐롤라이나의 우체국에서 일했어. 그때는 석·박사 학위를 가지고도 우체국에서 일하는 흑인이 많았거든. 사람들과 잡담이나 하며 하루하루를 보냈지. 어느 날 아저씨 한 분이 나를 부르더니, "로이드, 넌 학교로 돌아가야 해. 전에 다닌 학교가 싫으면 마틴 루터킹이 졸업한 조지아의 학교에 가는 건 어때?" 하더군.

그가 권유한 대로 지원했는데 성적이 나빠 떨어졌어. 2주 후 우연히 그 학교 총장님이 강연을 하러 온 거야. 난 오랜만에 슈트를 쫙 빼입고 불합격 편지를 가슴에 꽂고, 사람들과 악수를 하고 있는 그에게 다가가 말했어. "총장님 학교에서 공부하고 싶은데 거절당했어요. 도와주세요!" 주변에 많은 사람들이 지켜보고 있었으니 그가 도저히 거절할 수 없는 상황이 돼 버린 거야. 그는 안경을 꺼내 쓰고 편지를 잠시 읽더니, "그래, 그럼 내게 다시 지원서를 보내도록 해." 하고 말했어.

(로이드는 아직도 재미있다는 듯이 크게 웃는다. 이럴 때 보면 참 장난 꾸러기 같다.)

1958년 9월에 다시 대학에 입학했어. 흑인은 레스토랑이나 극장에 갈 수 없고, 버스나 기차 앞 좌석에 앉을 수 없던 시절이야. 앞으로 어떻게 살아야 하나 고민하다가 의예과를 2년간 다녔어. 그러던 어느 날, 친구가 여자 친구 사진을 한 장 들고 오더니 그대로 그려 달라는 거야. 그 친구는 내 그림을 좋아했고, 그러다가 다른 친구가 권해서 미술 동아리에 들었는데 재미있었어. 그 후 미술 수업을 듣기 시작했고, 전공을 의예과에서 미술로 바꿨어. 대학원을 마치고 뉴햄프셔에서 학생들을 가르치다가 파리에 갔지. 1964년이야. 파리에선 프랑스 어와 석판화 공부를 했어. 과테말라에서 온 친구랑 거리와 지하철, 카페에서 연주도 하고.

음악은 언제부터 했어?

플루트는 스물셋부터. 콩고 드럼은 고등학교 때 살사 밴드와 함께 연주했어. 스틱이 아니라 손으로 치는 드럼이야. 피아노 레슨은 아홉 살부터 열네 살까지. 음악은 좋아했지만 음악 선생은 좋아하지 않았어. (웃음)

1965년 5월이었나, 누가 그러는 거야. 너희는 칸으로 가야 한다고. 프랑스 남부의 비치 말이야. 칸 영화제 기간 동안 거기 가서 연주하면 큰돈을 벌 수 있을 거라는 말만 듣고 우린 무작정 칸으로 갔지. 첫날 도착해 비치에 나갔다가 정말 예쁜 여자를 만났어. 자기가 내일 퍼포먼스를 할 건데 자기를 위해 연주해 줄 수 있냐는 거야. 옷을 다 벗을 거란 얘기도 슬쩍 하더라고. 칸에 유명한 감독이 많이 오니 주목을 끌고 싶었던 거

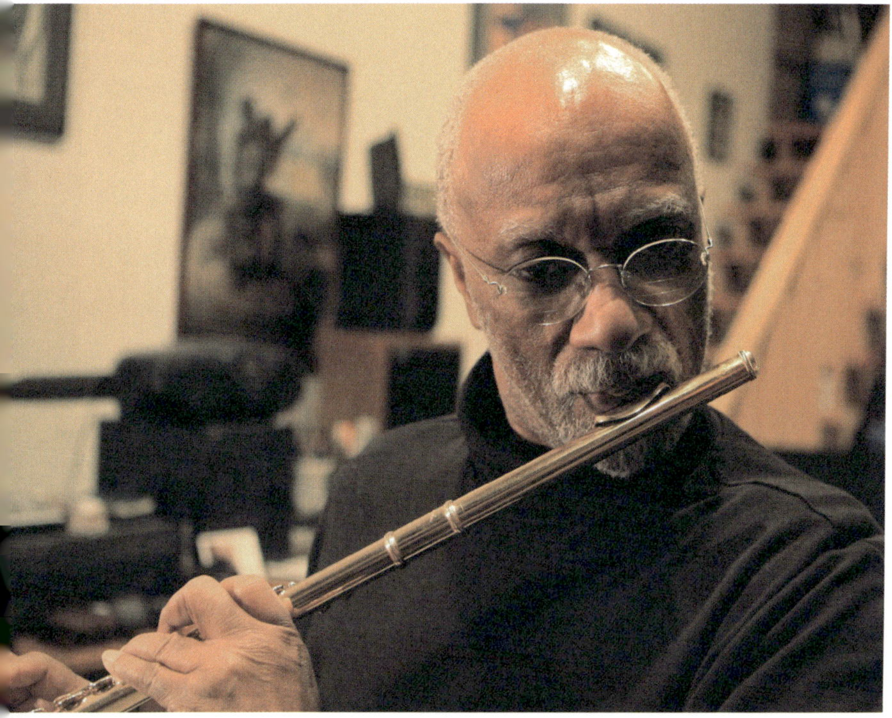

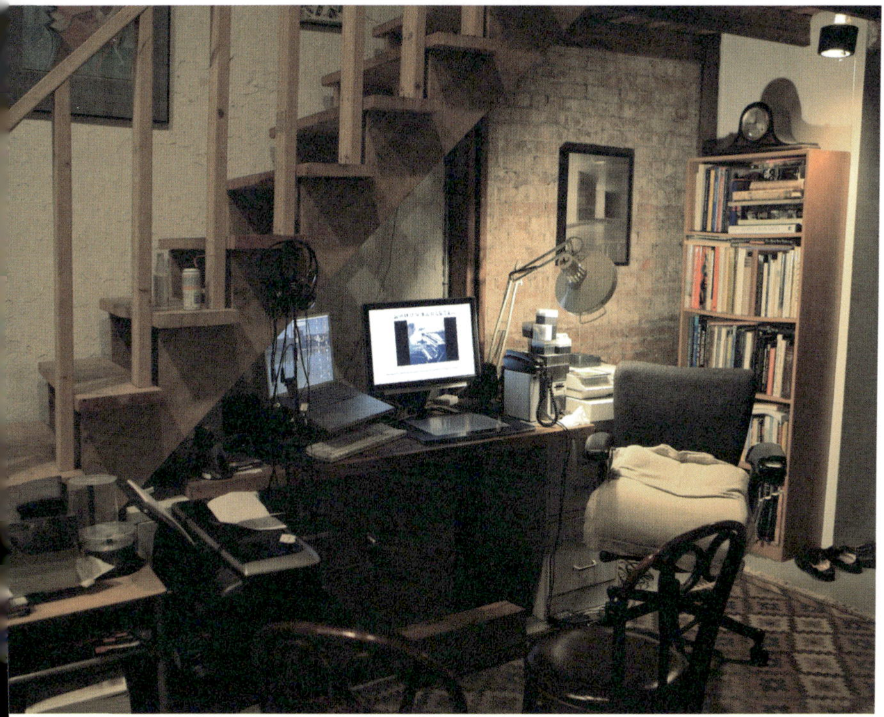

지. 다음 날 그녀는 정말 옷을 다 벗어 버리는 해프닝을 벌이다가 경찰에 체포됐어. 정작 사람들 주의를 끈 건 그 여자 옆에서 연주하던 우리였어. 덕분에 큰 호텔의 레스토랑에서 일하게 됐어. 그 무렵 피카소가 매일 점심을 먹으러 우리가 일하던 호텔 레스토랑에 왔는데, 알고 보니 호텔 매니저가 피카소 부부와 친구였던 거야. 어느 날 매니저가 피카소 부부를 위해 연주를 부탁했는데, 그 부부는 우리 음악을 좋아했고, 그렇게 해서 여름 내내 피카소를 만날 수 있었어.

그때 피카소가 몇 살이지?

피카소가 1881년생이고 우리가 만난 게 1965년이니까 그는 여든넷, 난 서른 살이었네.

결혼은 언제 했어?

파리에서 미국으로 돌아와 학생들을 가르치다가 수학과 학생이랑. 하지만 7개월 만에 별거했고, 3년 후에 이혼했어.

왜?

같이 사는 게 불가능했으니까. 그녀는 내가 어떤 사람이고, 무엇을 해야 하는지 이해하지 못했어.

사랑했으니까 결혼한 거 아닌가?

임신을 해서……. 정작 결혼 후엔 유산시켜 버렸지만. 결혼 전에는 아이를 낳겠다고 했거든.

다시 결혼할 생각은 안 했어?

다시는 결혼하지 말아야지 생각한 건 아냐. 기회가 없었다 할까. 그 후 프랑스 여자 친구를 만났어. 그녀는 9월부터 6월까지는 뉴욕에서 지내고

우리는 혼자 있는
시간이 필요해.
자기만의 생각을 할 시간이지.

뉴욕,
뉴요커

프랑스에 돌아갔다가 다음 해 9월에 다시 뉴욕에 와 6월까지 지내곤 했어. 결혼 얘기가 나오기도 했지만, 우리한테는 결혼이 중요하지 않았어. 같이 사는 것에 만족했으니까. 그렇게 지내다 5년 후에 헤어졌어. 그 후 7년간 일본 여자 친구를 만났어. 처음 1년은 각자의 아파트에서 지내며 데이트를 즐겼고, 그 후 6년을 함께 지냈지.

지금 여자 친구는 어떻게 만났어?

2년 전에 워싱턴 스퀘어 파크에서. 여자 친구가 1년 정도 뉴욕에서 지내고 있을 때인데 휠체어를 탄 할머니와 산책을 오곤 했어. 폴란드에서 영어를 가르쳤대. 한 달에 두 번씩 워싱턴 스퀘어 파크에서 만났어. 그러다가 전화번호를 알려 줬지만 전화를 한 번도 안 하더라고. 어느 날 드디어 전화가 왔어. 그것도 울면서 말이야. 함께 워싱턴 스퀘어 파크에 오곤 했던 할머니가 돌아가신 거야. 어떻게 그녀를 위로할까 생각하다가 그날 저녁에 내가 사는 로프트에서 뉴욕대 수업이 있는데 놀러 오라고 했어. 그녀는 서른다섯 명의 학생들과 함께 수업에 참석했고, 저녁을 같이하며 가까워졌지.

그때 여자 친구는 몇 살이었어?

서른셋. 난 예순여덟인가.

그녀랑 결혼할 생각은 없어?

그런 건 별로 중요하지 않으니까. 한국에서는 어떤지 모르지만 미국에서는 결혼할 수도, 하지 않고 같이 사는 길을 선택할 수도 있어. 사랑을 위해 결혼하거나 또는 동거를 하는 것은 각자의 선택이야.

(문득 사랑에 빠지면 왜 결혼을 해야 하는 거지? 하는 생각이 들었다.)

결혼을 해야겠다는 생각이 들 때는 내가 든 보험이나 연금을 여자 친구도 받을 수 있게 할 때처럼 사회적으로 필요한 경우야. 하지만 난 내가 내 결혼을 오케이하는 게 필요하지, 교회나 정부가 내 결혼을 오케이하는 게 필요하지 않아. 내가 결정하는 거고, 그녀가 결정하는 거야. 우리는 서로에게 완벽하다고 생각해서 같이 지내기로 결정했고, 나는 그녀를 사랑하고 그녀는 나를 사랑해. 그러면 된 거 아냐? 그렇다고 다른 사람들이 결혼하는 것에 대해 부정적으로 생각하는 건 아냐. 결혼을 원하면 결혼하는 것도 좋아. 하지만 나한테는 중요하지 않다는 거지. 우리 두 사람이 여기에 있고 서로 사랑하잖아. 그래서 함께 지내. 언젠가 우리의 감정이 달라지면 헤어질 수 있어.

나이 차이는 문제가 안 돼?

두 사람이 결정할 일이지 다른 사람이나 사회가 상관할 일은 아니야. .내가 결혼했을 때 난 서른한 살이었어. 아내는 스무 살. 하지만 그건 중요하지 않았어. 우리가 헤어진 건 나이 때문이라기보다 그녀가 삶에 대한 경험이 없었기 때문이야. 그녀는 텍사스의 작은 시골 마을 출신이었어. 그림을 그리고 음악을 연주하는 게 무슨 의미인지 알지 못했어. 그림을 그리거나 곡을 만들려면 생각할 시간이 필요하잖아.

우리는 살기 위해 물, 공기, 음식을 필요로 하잖아. 또한 우리는 혼자 있는 시간이 필요해. 자기만의 생각을 할 시간이지. 내가 쓴 시, 내가 그린 그림, 내가 찍은 사진을 수업할 때 학생들에게 보여 주곤 해. 한번은 학생 중에 50대 여자가 있었는데, 그녀가 내 책을 가만히 보더니, 문득 그러는 거야. "로이드의 시집, 로이드의 사진집, 로이드의 드로잉 북이네. 음악도 한다고요? 결혼 안 했죠? 내 말이 맞죠?" 내 책에 그런 얘긴 없 거든. 왜 그렇게 생각 하냐고 물었더니 결혼했으면 이렇게 여러 가지 작 업을 할 수가 없다는 거야.

맞는 말이기도 해. 여자 친구와 가끔 어디를 가면 사실 사진 찍는 일에 집중할 수가 없거든. 하지만 점점 좋아질 거라고 생각해. 그녀는 나와 조화를 이룰 수 있는 사람이니까. 대다수 미국 사람들은 나처럼 생각하지 않아. 하긴 미국 사람뿐만 아니라 전 세계 사람들 대부분이 그럴 거야. 하지만 세상에는 이런 삶도 있어. 결혼을 하는 게 행복해지는 유일한 길이라곤 생각 안 해.

당신을 이기적이라고 말하는 사람도 있지 않아?

나는 38년 동안, 아니 그 이상 내가 느끼고 배운 것을 다른 사람들과 나누고자 학생들을 가르쳤어. 내가 이기적이라면 아티스트로서, 뮤지션으로서, 시인으로서 이기적이라고 할 수 있어. 그건 내가 혼자 있을 시간이 필요하기에 어쩔 수 없었던 거지만······.

그럼 보통 미국 사람들은 어떻게 살아?

대학 가고 취업하고 결혼하고 은퇴하고 언젠가 죽는다. 끝!

뉴욕에서 살아남고 싶다면

당신이 바라보는 뉴욕은 어떤 도시일까?

대도시고, 바쁘고, 인구는 많고, 다양한 인종이 살고, 수만 가지 철학과 마인드가 공존하는 곳이야. 이런 환경을 잘 이해해야 뉴욕에서 살아

남을 수 있어. 나이지리아에 간 적이 있어. 나이지리아 수도 아부자에는 정말 인구가 많아. 그러나 모두가 똑같아. 한 인종, 한 가지 문화밖에 없어. 물론 독립적인 부족도 있지만 차이점보다는 비슷한 점이 더 많아. 뉴욕? 이곳에는 아랍, 이슬람, 기독교, 유대 등 온갖 문화가 있어. 뉴욕에서는 이런 다양한 문화와 사람들 속에서 어떻게 살아야 하는지 배우게 돼. 이곳에서 당신은 관대함을 배우게 돼. 당신과 다른 사람을 포용할 수 있어야 해. 다른 종교, 다른 복장, 다른 모습들을 받아들일 수 있어야 해. 당신과 다르게 생겼고 다르게 행동하는 사람들이 당신을 둘러싸고 있다고 생각해 봐. 포용력을 배울 수밖에 없어. 심지어 난 당신이 무조건 받아들여야 한다고 말할 수도 있어. 뉴욕에서 살아남고 싶다면 말이야.

그럼 뉴욕의 매력이라면?

일단 여러 인종이 사니 여러 나라의 음식을 먹을 수 있지. 한국 음식도 좋아해. 워싱턴이나 미국의 다른 도시에는 외국 음식점이 많지 않거든. 여자 친구가 폴란드 사람이라고 했잖아. 폴란드에는 폴란드 사람이 전부이니 외국 음식이란 게 거의 없대. 뉴욕에선 한 달 내내 매일매일 한국, 러시아, 폴란드, 에티오피아, 쿠바 등 다른 외국 레스토랑에 갈 수 있어. 뉴욕에선 꼭 여행을 떠나지 않더라도 여러 나라의 문화를 볼 수 있는 거지.

아티스트로서는 어때?

크리에이티브한 환경이 좋아. 뉴욕에 살아 좋은 점은, 당신이 단 한 번도 만들어 보겠다고 생각해 보지 못한 그런 작품을 수없이 볼 수 있다는 거야. 장르는 상관없어. 형편없는 아티스트도 많아. 한편으론 형편없는 수많은 작품을 보기도 하고, 다른 한편으론 나도 저런 작품을 만들면 좋

ⓒWomen's Head, Pablo Picasso

겠다 싶은 훌륭한 작품을 볼 수 있는 곳도 뉴욕이야. 나는 플루트를 연주하잖아. 워싱턴에서 플루트 연주를 들을 수 있는 곳은 고작 두세 군데야. 여기는 백 군데도 넘을걸. 당신이 플루트 연주자라면 당신 수준이 어느 정도인지도 자연스럽게 알게 돼.
뉴욕이 싫을 때도 있지 않아?
　그건 내가 미국에 대해 싫어하는 점과 같을 거야. 미국의 패권주의, 세계의 중심이라고 하는 오만한 자기중심주의 같은 거. 뉴욕에 산다는 것에 대해, 뉴요커란 것에 대해 우월감을 갖는 사람들이 있어. 하지만 내가 좋아하는 것과 싫어하는 것은 항상 공존하고, 뉴욕에는 내가 좋아하는 것이 싫어하는 것보다 훨씬 많아.

미국의 다른 도시와 뉴욕을 비교하면?

워싱턴은 내가 한동안 살았던 곳이니 뉴욕 다음으로 잘 아는 도시인데, 한마디로 말하면 느린 도시야. 전시나 공연이 뉴욕처럼 많지 않아. 게다가 전시를 하기 위해 칵테일파티에 가야 해. 칵테일파티가 어떤 건지 알겠지? 사람들과 얘기를 해야 하니 나도 어쩔 수 없이 칵테일파티에 가야만 한 적도 있지만 재미없어. 워싱턴에는 정말 칵테일파티가 많아. 디너파티도 마찬가지. 모두 가식적이야. 하지만 뉴욕은 달라. 또 파리도 좋아. 거의 매년 파리에 가는데, 파리는 아티스트나 뮤지션을 진심으로 존경해. 돈이 많으면 뉴욕에서 6개월, 파리에서 6개월, 이런 식으로 살고 싶어.

뉴욕에서 특별히 좋아하는 곳이 있어?

지금 사는 곳 노호, 다운타운이 좋아. 1970년 9월부터 이곳에서 살고 있으니 36년째네.

그런데 뉴욕에는 왜 그렇게 스타벅스가 많지?

장사가 잘되니까 많은 거지. 사람들이 '퀵 커피', '퀵 런치'를 좋아하니까. 은행 강도 '프리보이 플로이드' 얘기 알아? 유명한 은행 강도야. 기자들이 그 친구에게 물었어. "당신은 도대체 왜 은행 강도질을 계속하는 거요?" 그러니까 그가 이렇게 대답하더래. "은행에는 돈이 있잖아요." 뉴요커는 너무 바빠. 뉴욕에 스타벅스가 왜 그렇게 많은지 궁금하다면 많은

일하는 데 카페인은 필요하지만
어떤 종류든 상관 안 해.
커피 질이 좋고 나쁘고 그런 거 따질 틈이 없어.

사람들이 제대로 식사할 겨를이 없다는 걸 생각하면 답이 나올 거야. 뉴요커들은 스타벅스에서 잡아채듯 급히 커피를 사고, 샌드위치를 움켜쥐고 나와 거리를 달리며 커피를 마시고 샌드위치를 먹어.

일하는 데 카페인은 필요하지만 어떤 종류건 상관 안 해. 커피 질이 좋고 나쁘고 그런 거 따질 틈이 없어. 다이너diner에 가 본 적 있어? 보통 미국 사람들이 가는 전형적인 식당이잖아. 다이너에서 파는 커피가 미국 사람들이 알고 있는 커피의 전부였어. 그곳에서 파는 커피는 단 한 가지야. 하지만 스타벅스에서는 여러 종류의 커피를 팔아. 스타벅스 이전에 카페라테 같은 커피 메뉴가 없었던 건 아니지만 여행을 좀 다녀 본 사람이나 다른 종류의 커피를 마셨던 거지. 스타벅스 오너가 브루클린 출신이야. 케니 지 알지? 케니 지가 스타벅스에 투자를 많이 했어. 케니 지의 음악? 스타벅스 커피 맛 같지. (웃음)

잘 가는 카페가 있을 텐데?

'카페 단테Cafe Dante.' 아마 뉴욕에서 가장 오래된 이탈리아 스타일의 카페일걸. 내가 뉴욕에 살기 시작하면서부터 드나든 카페니까. 전 세계에서 뉴욕으로 여행 온 사람들을 만날 수 있어. 또 내가 좋아하는 카페 두 곳이 더 있는데, 하나는 우리가 처음 만난 블리커 거리에 있는 '안젤리크', 또 하나는 '란렐티나'. 맥두걸 4번가와 5번가 사이에 있는 아주 재밌는 곳이야. 카페 이름이 랜턴이란 뜻이야. 재즈 음악이 있고, 맛있는 커피, 따뜻한 수프, 특히 트리오 피자가 맛있어. 뒤편에는 정원도 있고. '카페 단테'에는 아티스트나 뮤지션이 많이 드나들어. 밥 딜런이 단테 건너편에 살았고, 지금도 유명한 아티스트들이 단테 부근에 많이 살아.

워싱턴이나 다른 도시에서도 살 수 있었는데 뉴욕에 살아서 달라진 점이 있어?

리얼 라이프Real Life. 정말 사는 게 어떤 건지 알게 된 거야. LA에 가면 사람들이 할리우드에 대해 얘기하잖아. 하나의 쇼를 보는 것 같아. 껍데기만 있는 타운처럼 느껴져. 하지만 뉴욕에는 진짜 삶이 있어. 워싱턴은 정치의 도시, LA는 비치와 선샤인의 도시, 뉴욕은 '리얼 라이프의 도시'인 거지. 뉴욕에는 사계절이 있잖아. 계절이 바뀌는 것에 사람들은 많은 영향을 받아. LA는 대체로 따뜻해. 날씨가 쾌청하기만 하니 사람들이 가슴으로, 영혼으로 생각할 필요가 없는 거야. 삶을 즐기기에도 시간이 부족한걸. 하지만 뉴욕의 겨울은 매섭잖아. 때때로 폭설이 내리고, 강풍이 불잖아. 그늘진 시멘트 도시 안에서 당신은 당신 자신 속으로 빠져 들 수밖에 없어. 환경이 우리를 그렇게 만들어.

잘 산다는 것

당신에게 잘 산다는 건 뭘까?

당신이 태어났을 때 부모님이 이름을 지어 줬잖아. 학교에 갈 때가 되면 어떤 학교에 보낼지 결정하고, 취업할 때가 되면 어떤 일이 좋겠다고 할지도 몰라. 그건 결국 부모가 당신 삶을 선택하는 거 아냐? 당신이 무엇을 할지 부모가 결정하고, 부모에 의해 당신의 타이틀이 주워지는 거잖아. 당신은 서울에서 왔고, 아시안이고, 남자고, 서른 후반이야. 내 경우를 볼까? 난 흑인이고, 로이드 맥닐이란 이름을 가졌고, 남자야. 석사 학위를 가

지고 있고, 아티스트이면서 뮤지션이고, 워싱턴 출신이야. 하지만 이런 리스트가 나를 말해 주는 건 아냐. 이런 건 그냥 타이틀일 뿐이야. 대부분의 타이틀은 내가 선택했어. 군 입대, 의대를 가겠다는 결정도, 의대를 그만두고 미술이나 공부하겠다는 것도 내 선택이었어. 플루트를 연주해야지, 드럼을 연주해야지 모두 내 선택이었어. 내 삶을 내가 선택하고 만들어 간 거야. 내 타이틀을 내가 스스로에게 줬어. 내게 잘 산다는 건, 내가 어떤 사람이고 어떤 일을 하고 싶다고 규정할 수 있는 거야. 잘 사는 건 부모가, 사회가, 가족이 주는 타이틀과는 상관이 없어. 우리 아버지가 의사야 변호사야 말하는 대신, 난 영화를 만들고 싶다고 말할 수 있어야 해. 내가 시인이 되고 싶든 아티스트가 되고 싶든 그런 건 중요하지 않아. 중요한 건 자신을 어떤 사람이라고 스스로 규정할 수 있는 거야. 자신이 뭐가 되고 싶은지 알았으면 이젠 그 일을 하면 돼. 부모가 뭐라 하든, 사회가 뭐라 하든, 형제가 뭐라 하든 당신은 온전히 당신 삶을 선택한 거야. 이제 당신은 당신이 원하는 대로 살 수 있어. 어떤 일을 하며 살겠다고 마음먹는 건 당장 죽을지 살지를 결정하는 건 아니잖아. 그런데 그걸 왜 그렇게 어려워하지? 만약 당신이 하고 싶은 걸 하며 살 수 있으면 그게 완벽한 삶일 거야.

   어떤 사람들은 일찍 죽기도 해. 정신적으로. (웃음) 하지만 내 삶을 내가 선택할 수 있다면 건강히 살 수 있어. 내가 누구인지, 무엇을 좋아하는지. 예를 들어 침묵을 좋아하고, 레드 와인을 좋아하고, 어떤 종류의 옷을 입고 싶어 하는지, 어떤 집에서 살고 싶어 하는지 안다면 당신은 행복할 거야.

나이가 많잖아. 나이가 드는 게 두렵진 않아?

사람은 모두 죽잖아. 나이에 대해 별로 생각하지 않아. 간혹 누가 몇 살이냐고 물으면 대답을 하긴 하지만 나이에 연연하지 않아. 제대로 걷는 게 불가능하지만 않다면 내가 하고 싶은 일을 할 거야. 전처럼 수영을 잘하거나 빨리 달리지는 못하지만 난 현재의 삶을 즐겨. 사람에 대한 열정이든 음악이나 예술에 대한 열정이든, 열정이 내 삶을 이끌어 가. 사람들이 나에 대해 뭐라고 하든 간에 그런 건 아무 상관없어. 앞을 보지 못하는 사람이 맹인견에 이끌리며 걸어가듯, 열정에 이끌려 현재를 걸어가는 거야.

로이드는 요즘 사진에 푹 빠져 있다. 매일 아침 친구들과 커피를 마시며 사회, 정치, 여행, 스포츠, 건강에 대해 이야기를 나눈다. 그의 나이 일흔하나, 나이와 상관없이 에너지가 펄펄 넘친다. 한번은 로이드의 로프트에 놀러 갔더니 그가 찍은 인물 사진을 보여 주면서 내게 묻는다. "준, 네 사진 찍어도 될까?" 세상에 대한 그의 호기심은 여전하다.
로이드는 내가 누구인지 리스트를 만들어 보라고 한다. 이름, 국적, 성별 같은 외부 환경이 내게 준 타이틀이 아니라 내가 어떤 사람인지 스스로 내게 준 타이틀 리스트를…….
"아, 그런데 그만 얘기해야겠다. 조금 있으면 여자 친구가 오거든. 감자 요리를 만들어야 해.
그의 마지막 말이었다.

뉴옥에 안 왔으면 죽었을 거예요

마종일

고교 졸업 후 대우 중공업을 거쳐 한겨레 신문사에서 10년간 판매 관리 일을 했다. 성격 탓인지 사람 관계가 힘들었다고 한다. 결혼 후 미대에 진학하려 했지만 두 번 실패하고, 서른을 훌쩍 넘겨 아내와 딸아이를 뒤로하고 뉴욕에 왔다. 생활비와 학비를 벌기 위해 죽도록 일해야 했다. 돈이 없어 끼니를 거르며 학교를 다녔지만, 공부 하나는 신나게 했다. 한국을 떠날 때 부정적으로 보는 사람도 많았지만, 어느새 학교를 졸업하고 일과 작업을 하며 뉴욕에서 지낸 지 12년이 흘렀다. 그를 보면 꽉 막혀 있는 한국을 떠나야만 잘 되는 사람들이 있는 것 같다.

서른다섯에 떠난 유학

12년 전 뉴욕에 처음 왔을 때 기억나는 일은?

퀸즈의 서니사이드에 있는 하숙집에 도착했는데 숨이 탁 막혔어요. 부엌을 개조한 방인데 서너 평 정도 될까? 책상이랑 침대만 덩그러니 있고, 햇볕은 전혀 안 들어오고, 창문은 감옥 창살 같았어요. 창문 창살 위에 비둘기 똥이 잔뜩 쌓인 걸 보고 바로 한국으로 돌아가고 싶었죠.

그런데 돌아가지 않았네요?

여기서 공부를 계속 할 수 있겠다는 생각이 들었거든요. 어학원 다니면서 사람들 만나고, 영어를 조금씩 하게 되는 게 재미있었죠. 영어를 전혀 못했던 내가 조금씩이라도 영어를 한다는 게 생산적이라고 생각했어요. 한국에서는 그런 기분을 느껴 본 적이 없었거든요.

돈을 얼마나 갖고 왔어요?

1,000만 원, 1만 달러 가지고 와서 매달 어학원에 600달러, 하숙집에 400달러 냈어요.

그러면 그것만 해도 한 달에 1,000달러씩 드는 건데 10개월 생활비도 안 되는 돈이네요?

내 인생은 운이 좋은 인생이 아니었고,
앞으로도 그럴 거예요.
꾹 참고 한 걸음 한 걸음 가는 수밖에 없어요.

나중에 와이프가 좀 보내 주고, 그다음 해 학교 들어가자마자 아이들 가르치는 아르바이트를 시작했죠.

영어 학원에는 얼마나 다녔어요?

11개월 정도. 한 번도 안 쉬고 거의 1년을 채운 거예요. 초급반부터 시작했어요. 공부가 재미있어서 작문을 한 장 해 오라고 하면 나는 몇 장씩 해 갔어요.

몇 살 때 대학에 들어갔죠?

SVA School of Visual Art 들어갔을 때가 서른여섯이었죠.

학생들 중 나이가 가장 많았을 것 같아요.

아뇨, 나보다 한 살 많은 한국 여자 분이 있었어요.

나이가 많다는 자격지심은 없었나요?

전혀. 한국 사람들과 어울리는 게 힘들었지만, 미국 아이들은 자기 또래처럼 대했어요. 나는 내 돈을 전부 영어 배우는 데 썼고, 사람과 사귀는 거 좋아하다 보니 영어가 많이 늘었죠.

공부하기 힘들었을 것 같은데…….

리포트 쓰느라 고생했어요. 일주일 만에 영어로 쓰인 책 한 권을 다 읽어야 하는 것, 수업시간에 의사 표현을 잘 못할 때 느끼는 자괴감이 힘들었죠.

뉴욕에 와서 처음으로 하게 된 일이 뭐예요?

학교 들어간 다음 해에 구한 슈퍼마켓 플로어 매니저. 하루에 12시간씩 캐셔 지키고 서 있는 거예요. 큰 슈퍼마켓에서는 캐셔가 손님과 짜고 물건 빼내는 일이 많거든요.

유학생이니 법적으로는 일할 수 없는 거죠?

　누가 신고만 안 하면 상관없는데 문제는 그게 아니었어요. 한국 사람들이 많이 일하는 곳에서는 한국 사람끼리 경쟁이 치열했는데 알력 다툼 끝에 결국 그만두게 된 거죠. 그다음에는 델리에서 일했는데 내가 일을 잘 못했어요. 결국 몇 개월 만에 해고됐어요. 그렇게 두 번 해고를 당하니까 악이 받쳤죠. 며칠 후에 브롱스의 과일 창고에서 사람을 구한다고 하더라고요. 브롱스는 위험한 곳이라고 생각해서 사람들이 좀체 가려고 하지 않는 곳이지만 난 당장 밥을 굶고 있으니까 살아야겠다는 생각밖에 안 들었죠. 면접을 갈 때 머리를 빡빡 깎고 갔어요. 학교 다닌다는 거 알면 채용 안 하니까 학생이란 것도 숨겼어요. 파란 바나나를 노랗게 굽는 회사였는데 워낙 힘든 일이라 천직이라고 생각하지 않으면 견디지 못하거든요. 학생들은 조금 힘들다 싶으면 바로 그만둬 버리니까 학생들을 싫어했어요.

그 후에는 형편이 좀 나아졌나요?

　아뇨, 전혀. 굶는 일은 계속되었죠. (웃음) 당장 먹을 게 없으니까 심리적으로 위축되고, 굉장히 불안해지는 거죠. 학점은 빨리 따야 하는데 일을 해야 하니까 수업을 많이 들을 수도 없어요. 일하며 밤을 꼬박 새고 학교 가서 겨우 두세 과목 수업 듣고 끝나면 다시 일하러 갔어요.

그런 시간을 어떻게 견딜 수 있었죠?

　버티다 보니까 학점이 조금씩 쌓이는 게 보여요. 그거 때문에 살았어요. 피곤하지만 성취감이 있으니까. 밤을 새고도 학교만 가면 피곤하지 않았어요. 수업 시간에 다른 사람 작품 보면서 토론할 때가 가장 행복하

뉴욕,
뉴요커

사는 게 하도 힘드니까
이제까지 내가 살아온 방식으로 살면
안 되겠다는 생각이 들었어요.

고 재미있었죠.

일을 그렇게 많이 하는데 왜 형편이 나아지지 않죠?

학비가 매년 1만 5,000달러 정도였으니까 아무리 일을 한다고 해도 등록금 내고, 렌트비 내고, 생활비 들고……. 도저히 나아질 수가 없죠. 학교에 들어간 다음 해부터 본격적으로 힘들어졌어요. 학비를 못 내니까 매 학기 서무과에 가서 교직원들과 싸우기도 하고.

학비도 못 내는 처지에 싸우면 안 되는 거 아녜요?

성격이 급하기만 했지 싸우면 안 되는 것도 몰랐어요. 그다음부터는 빌었죠. 뉴욕에 와서 3년째가 최악이었어요. 굶는 일도 자주 있었고, 학교도 제대로 못 다녔어요. 그해를 넘기고 2000년에도 비슷했는데 연말이 되니 어느새 3학년 과정을 거의 마쳤더라고요. 4학년이 되니까 뉴욕에 살면서도 그동안 모른 척하던 친척도 조금씩 도와주고, 인테리어 회사에서 막노동도 하고, 4학년 1학기 마치고나서는 학교 선생님이 조수 일을 하라고 해서 1년 정도 함께 일했고, 그 후 지금 회사로 왔죠.

밥을 굶는 그런 고비를 어떻게 넘긴 거죠?

열심히 일 찾아다니고 버틴 것밖에 없어요. 학교 운동장에 가서 공 열심히 던지고.

무슨 말이죠?

사는 게 하도 힘드니까 이제까지 내가 살아온 방식으로 살면 안 되겠다는 생각이 들었어요. 그래서 야근이 끝나고 집 근처에 있는 학교에 가서 공 던지는 연습을 했어요. 그게 나한테는 집중력을 높여 주는 훈련이었거든요. 공을 던지면서 어떻게 해서든 어려움을 뚫고 나가겠다고 다짐

하는 거죠. 거의 4년 동안 계속했을 걸요.

정신적 군살이 쫙 빠졌다

뉴욕에서 사는 건 만족하나요?

일하는 게 힘들어서 그렇지 작업하며 사는 건 정말 좋죠. 파리가 클래식하고 고전적인 느낌이라면, 뉴욕은 자유롭고 와일드한 모습이 살아 있어요. 와일드한 환경 속에서 진행되는 작업은 좋든 나쁘든 사람의 제스처가 살아 있거든요. 거칠지만 생동감이 있다고 할까. 서울에 있으면 내가 볼 수 있고, 내가 할 수 있고, 내가 만든 작품이 소비되는 게 제한돼요. 하지만 뉴욕에서는 만드는 사람이나 소비하는 사람 모두 층이 두터워요. 여기서는 수없이 다양한 작품을 볼 수 있는 점과 한발 더 나아가면 활동의 폭이 급속히 넓어지는 점이 좋아요.

사람들은 뉴욕을 꿈꾸고 동경해요. 뉴욕은 멋진 도시인가요?

모든 분야에서 사람들이 자기가 가진 최고의 에너지를 발산해 보여 주는 게 멋지다고 할 수 있죠. 피와 살을 다 짜내 온몸으로 보여 주는 거죠.

그런 점은 꼭 뉴욕이 아니더라도 모든 대도시의 속성 아닌가요?

그렇다고 해도 서울에서 벌어지는 경쟁과 뉴욕에서 벌어지는 경쟁은 차원이 다르죠. 뉴욕에서는 미국 사람뿐만 아니라 세계 각국에서 모인 가장 프로페셔널한 사람들과 경쟁을 해야 하고 그 결과가 나타나는 거니까.

그렇게 항상 긴장하며 사는 건 너무 힘들지 않나요?

힘들죠. 어떤 사람이 나를 호의적으로 보는지 아니면 적대시하는지 빨리 알아챌 수 있는 명석함이 있어야 해요.

한국으로 돌아갈 계획은 없어요?

지금은 모르겠어요. 지금 돌아간다고 할 수 있는 게 없으니까. 여기에서 어느 정도 뭔가 이룬 다음에 돌아가는 게 더 수월하다고 생각하니까 앞으로 5년, 10년 정도 더 있을 거라고 보고 있어요.

지금까지 그렇게 고생을 했는데 여기서 고생을 더 해야 한다고 생각하면 답답하지 않아요?

하지만 지금 당장 돌아간다고 뭐가 다르죠? 삶이란 게 역경을 참고 이겨 내야지 새로운 단계로 전환되는 거 같아요. 내 인생은 운이 좋은 인생이 아니었고, 앞으로도 그럴 거예요. 스무 살 이후부터, 아니 중학교 때 서울에 올라와서부터 계속 그랬어요. 한국에서는 내가 어디 빠져나갈 구멍이 없으니까, 희망이 없으니까 와이프가 있어도 소용없더라고요. 난 중학교 2학년 때 이후 쭉 혼자 살았어요. 덕수상고 시험 보러 가는 날 아침에 일어나 혼자 밥 해 먹고 간 사람은 나밖에 없을 거예요. 하지만 부모가 챙겨 준다고 잘되는 것도 아니고, 다 자기 자신한테 달려 있잖아요. 행운 같은 건 나와 인연이 없어요. 꾹 참고 한 걸음 한 걸음 가는 수밖에 없어요. 그게 정상이잖아요. 누가 날 구해 줄 것도 아니고, 내가 재주가 좋은 것도 아니니 한순간에 뭘 탁 터뜨릴 수 있는 것도 아니고, 이렇게 계속 열심히 사는 거죠. 그러다 보면 조금씩 나아지는 게 느껴져요. 지금은 그래도 내가 조금씩 나아지는 게 보이니까 좋아요. 내가 해방될 수 있는 길은 내가 하고 싶은 걸 하는 방법밖에 없어요.

만약 뉴욕에 안 왔으면 어떻게 지내고 있을까요?

　죽었을 거예요. 뉴욕에 와서 어려움을 견디면서 살아가는 방법을 많이 배웠어요. 뉴욕에서는 어떻게든 버티면 반드시 보답이 주어지니까. 열매를 하나씩 하나씩 따는 것 같아서 견딜 수 있었어요.

뉴욕이 살아가는 데 미친 영향이 있을 것 같아요.

　아주 현실적으로 살아가는 요령을 알게 됐죠. 나한테 뉴욕은 정글에서 생존하는 능력을 키워 준 곳이니까.

지금 통장에 돈이 얼마나 있어요?

　100달러 정도 있을걸요. 요즘 영주권 수속한다고 1만 달러 넘게 들어갔지, 학비 갚지, 생활비 쓰지, 여전히 아찔하죠.

여기 사는 게 한국 살 때보다 좋은 점도 있나요?

　정신적 군살이 쫙 빠지고 딱 필요한 부분만 남았죠. 반면 굉장히 각박해지면서 오직 스킬만 연마된 건지도 몰라요. 인간적인 면을 얘기한다면 영 아닐 수도 있어요. 와이프는 부정적으로 봤어요. 이 사람이 옛날 내 남편이냐고, 완전히 짐승처럼 변했다고……. 하지만 난 정신적으로 건강해졌다고 생각해요. 나는 나를 가꾸고 지금까지 내 속에 억눌려 있는 걸 풀어내는 게 중요해요. 나한테는 어렸을 때부터 억압이 있었어요. 내가 인정받지 못한다는 자괴감이죠. 하나의 부속물로 살아가는 게 견딜 수 없었어요. 초등학교 들어가기 전부터 힘 있는 사람한테 부모님이 당하는 모습을 봤어요. 하지만 지금 내가 원하는 것은 사회적으로 성공하고, 돈

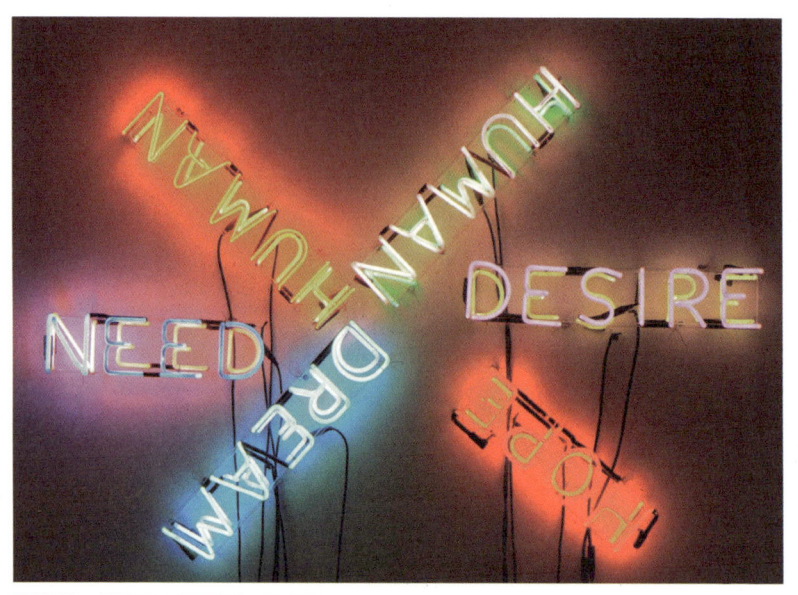

많이 벌어 폼 재는 게 아니에요. 내 안에 억눌려 있는 모든 걸 작품에 담아 정신적으로 승화시키고 싶어요.

살고 싶은 곳, 웨스트빌리지

뉴요커들의 멋진 모습은 어떤 점이죠?

　뉴요커들이 쓰는 은유에는 군더더기가 없어요. 그림 하나를 봐도 더 이상 말끔할 수가 없어요. 세련된 문화를 볼 수 있죠. 커피 한 잔을 마셔도 다양하게 마시잖아요. 커피에 넣는 우유 종류만 해도 홀 밀크whole milk, 하프 앤드 하프half and half, 스킴 밀크skim milk, 크림 등 여러 가지가 있어요.

그게 다 뭐죠?

　홀 밀크는 지방분을 빼지 않은 보통 우유, 하프 앤드 하프는 지방분이 절반 들어간 거고, 스킴은 지방분을 완전히 뺀 거고, 크림은 요구르트 전 단계인데 우유보다 더 진하죠. 다양한 취향을 배려하는 문화인 거죠. 모두가 독특한 자기만의 성향을 갖고 있어요. 이런 점에서 보면 뉴요커들이 아티스트의 작업을 획일적으로 이해하지 않는 건 당연해요.

뉴욕에서 살고 싶은 곳이 있다면 어디죠?

　웨스트빌리지. 웨스트빌리지가 가지고 있는 문화가 내가 동경하는 뉴욕의 모습이죠. 거기서 타운 하우스 하나 사서 지내면 얼마나 좋을까 생각해요. 언젠가 아침에 일어나 가을 햇볕 받으며 11시쯤 다이너에 가서 맛있는 브런치를 먹고, 산책하다가 작업하러 가고 그러면 정말 좋을 텐데…….

10년 전과 비교해 지금 뉴욕은 어떻게 변했나요?

　뉴욕에 펼쳐져 있던 게 다시 재구성되는 느낌이에요. 맨해튼의 문화가 윌리엄스버그나 브루클린 같은 곳으로 확장되는 것뿐만 아니라 맨해튼 안에서도 재구성되는 거죠. 맨해튼 안에서 가장 큰 변화는 첼시와 로어 이스트사이드 같고, 브루클린에서는 윌리엄스버그나 그린포인트 같아요.

아시안으로 일하며 사는 건 어떤가요?

　뉴욕에서 노골적으로 인종 차별하면 큰일 나거든요. 하지만 관리자가 자꾸 나한테만 힘든 일을 준다면 그게 차별이죠. 한국에서 외국인 노동자하고 같이 일하는데 외국인 노동자한테 일 더 시키려는 그런 거 아닐까요? 그런 문제로 처음 2~3년은 힘들었죠.

요즘은 어떤 작업을 하세요?

　나무를 가늘게 켜서 건축물이나 사람 모양을 만드는데, 시대의 아이콘이 될 수 있는 것을 만들고 있어요.

뉴욕에 와서 어려움을 견디며
살아가는 방법을 배웠어요.
뉴욕에서는 어떻게든 버티면
반드시 보답이 주어지니까.
열매를 하나씩 하나씩 따는 것 같아서
견딜 수 있었어요.

뉴욕,
뉴요커

Struggling Artist. 마종일은 말 그대로 힘겹게 분투하는 아티스트이자 생활인이다. 회사에서 쫓겨나지 않기 위해 생산량을 전보다 서너 배 이상 늘리고, 작은 실수라도 하지 않기 위해 늘 조심하며 일한다. 그에게 지난 12년은 하루하루가 고난의 행군 같은, 끊임없는 도전의 시간이었다. 한국에서 막노동을 하고 허드렛일을 하던 시절 그는 무작정 뉴욕에 갈 생각을 했다. 정말 가도 되는지 수많은 날을 고민했다. 그는 무조건 가야 했다. 한국에서 가슴도 펴지 못하고 답답하게 살 수는 없었다. 뉴욕은 대학 졸업장도 없고, 돈도 없는 그를 받아 주었다. 멀고 먼 길을 돌고 돌아 뉴욕에 온 지 12년이 지나 이제 그의 나이 마흔을 훌쩍 넘겼지만 그는 여전히 포기하지 않고 뜨겁게 산다.

뉴욕 스타일의 거친 경쟁이 좋다

린 댕

스물여덟, 베트남 호치민 출생이다. 린의 친구에게서 그녀의 부모가 보트 피플이란 얘기를 전해 들었다. 린이 한 살 때 가족들은 베트남을 떠나 미국으로 왔고, 10년 후 린이 그 뒤를 따랐다. 대학에서 재정학을 공부했고, 미드타운의 헤지펀드 회사에서 일하는데, 앞으로는 본격적인 주식 거래 일을 하고 싶어 한다. 윌리엄스버그의 원 베드룸 아파트에서 혼자 산다. 렌트비는 1,100달러! 나와 이야기하는 내내 농담을 하고, 장난을 걸어온다. 거침없는 자신감을 보이면서도 뉴욕에서 만난 사람들 중 짧은 시간에 나를 가장 많이 웃게 만든, 유쾌한 친구다.

일을 마치면 클럽에서 밤을 샜다

뉴저지에서 처음 뉴욕으로 온 게 언제야?

9년 전이니까 열여덟 살 때. 마침내 뉴욕으로 왔다는 사실에 아주 흥분했지만, 당장 첫 달 렌트비가 없었어. 낯선 맨해튼 거리를 걸으며 도대체 어떻게 먹고살지 막막했던 기억이 나. 닥치는 대로 일을 찾아 거리를 헤맸어. 결국 레스토랑에서 웨이트리스로 일하게 됐는데, 일이 끝나면 클럽에 가 밤을 새곤 했어. 몸은 너무 피곤한데 잠을 거의 안 자고 지냈어. 뉴욕에 적응하는 게 쉽지 않았고, 그렇게라도 풀지 않으면 견딜 수 없었던 거지.

왜 뉴욕으로 왔어?

나한테는 일이 아주 중요한데, 뉴욕은 내가 하고 싶은 일을 할 수 있는 가장 적합한 곳이거든.

어떤 점에서?

내가 외국인이더라도 뉴욕에서는 편하게 지낼 수 있어. 여긴 워낙 외국인이 많으니까. 또 뉴욕은 다른 도시에서는 경험할 수 없는 패션, 스타일 등 많은 걸 가지고 있어. 하지만 나한테는 일! 그게 가장 중요해. 난 뉴욕 스타일의 거친 경쟁이 좋아. 뉴욕은 가식적이지 않고 현실적이야.

거칠다는 건 무슨 의미야?

아주 심플해. 뉴요커는 당신이 싫으면 "난 당신이 싫어! 당장 여기서 꺼지라고!" 말해 버린다는 거지. 무례하다고 할지 모르겠지만 싫으면서도 좋아하는 척하는 것보다 낫잖아.

경쟁이 치열하니 뉴욕에서 일하기 힘들 것 같은데?

물론 치열하지. 일단 백인에 비해 불리하지만 두려워할 필요는 없어. 난 아시안이지만 여기서 일하는 데 크게 상관없어. 뉴욕에서 일하는 많은 이들이 백인이 아니니까. 뉴욕이 미국의 다른 도시보다 상대적으로 안전하게 느껴져.

왜 증권 회사에서 일하고 싶어?

증권 시장은 매우 도전적인 곳이잖아. 내가 일한 만큼 보수를 받을 수 있고.

일하면서 아시안이기에 받는 불이익은 없어?

어떤 일을 하느냐에 따라 다르지만, 오히려 크게 플러스가 되는 경우도 있어. 사람들은 종종 아시안이 매우 스마트하다고 생각하거든. 반면 금융권은 전통적으로 남자들 영역이라 여자가 일하기에 쉽지는 않아. 하지만 쉽지 않아서 더 해 보고 싶어.

처음 미국에 와서 영어 문제는 없었어?

문제가 없었던 건 아니지만 ESL을 다니고 공부하는 것 외에 무슨 특별한 방법이 있겠어? 하지만 최소한 뉴욕에서는 언어가 큰 문제라고는 생각 안 해. 왜냐하면 많은 사람들이 다른 나라에서 뉴욕으로 와 살고 있잖아. 다들 외국인이라 모두 언어 문제가 있어! 다들 똑같은데 뭐 무슨 대

단한 문제가 있겠어? 물론 영어를 완전하게 못하면 불리한 점은 있지만, 내 꿈을 이루는 데 절대적인 장애는 되지 않아.

내게 뉴욕이 묻는다

린이 생각하는 뉴욕은 어떤 곳일까?

전 세계의 사람들이 살고, 매우 거칠고 험한 곳. 왜냐하면 경쟁이 심하고, 사람들은 매우 직선적이잖아. 뉴욕으로 몰려드는 사람들은 아주 똑똑해. 흔히 뉴욕에서 살 수 있으면 세상 어디에서도 살 수 있다고 말하는 게 이런 이유야. 하지만 거친 것도 뉴욕의 매력이야. 거친 곳이기 때문에 살아남으려면 정신을 바짝 차려야 해.

뉴요커를 한마디로 말하면?

스마트하고, 스타일이 있고, 음식에 대한 취향이 까다로운 사람들. 다른 도시에서는 배울 수 없는 많은 것을 그들에게서 배울 수 있어.

뉴욕에서 특별히 좋아하는 장소가 있어?

유니언 스퀘어. 사람들 구경하고, 극장에서 영화 보고, 계단에서 잠도 자고, 선탠도 하고. 또 미트패킹 지역. 쿨하잖아. 쿨한 사람들이 많고.

(린은 사람들이 끊이지 않고 오가는 유니언 스퀘어 계단에 앉아 잠을 자고 선탠을 한다고 한다. 하여간 엉뚱하다.)

만약 베트남에서 친구가 오면 어디를 데려가고 싶어?

베트남에서는 가 볼 수 없는 레스토랑에 데려가고 싶어. 이를테면 쿠바 음식을 먹어 봤을 리 없잖아.

지금 사는 곳은 어디야?

윌리엄스버그의 원 베드룸 아파트에 사는데 한 달에 1,100달러를 내. 하지만 맨해튼에서는 그런 곳을 그 돈 가지고 절대 구할 수 없어. 그렇지만 한 곳에서 오래 사는 것은 싫어.

왜?

내 집도 아닌데 계속 거기서 살 이유가 있을까? 난 1~2년마다 집을 옮겨. 한 곳에 오래 살면 지루하잖아. 이스트빌리지에도 월드트레이드 센터 부근에도 산 적이 있어.

뉴욕에서 살고 싶은 곳을 맘대로 선택할 수 있다면 어디서 살고 싶어?

돈이 있으면 웨스트빌리지에 살고 싶을 거야. 웨스트빌리지나 이스트빌리지나 여러 면에서 편하고, 크게 다른 건 아니지만 웨스트빌리지는 이스트빌리지처럼 지저분하지 않거든. 하지만 집을 산다면 윌리엄스버그에 사고 싶어.

돈은 많이 모았어?

어디 모을 수가 있겠어? 학비 갚아야 하고……. (갑자기 정색을 하고 장난스럽게 표정을 바꾸며) 학교에 가지 말라고!! 돈이 너무 많이 들어! 학교는 정말 안 좋은 데야!

남자 친구 있어?

글쎄, 데이트는 하는데 남자 친구라고 할 수 있는지는 잘 모르겠어. 드라마와 달리 뉴욕에서 누군가를 만나는 일은 어려운 것 같아. 아니, 정확히 말하면 만나는 게 쉽지 않다기보다 내가 만난 남자에게 난 당신과 내 남은 삶을 함께 보내고 싶다고 말하기가 어렵다는 거야.

뉴욕에서 누군가를 만나는 일은 어려운 것 같아.
쉽지 않다기보다 내가 만난 남자에게
난 당신과 내 남은 삶을 함께
보내고 싶다고 말하기가 어렵다는 거야.

뉴욕,
뉴요커

똑 부러지고
사나워 보이기도 하는
뉴욕 같은 캐릭터.

결혼은?

　뉴욕은 여기 사는 사람이 혼자 살고 싶도록 만들어. 이런 점을 뉴욕의 특징이라고 할 수는 있겠지. 그렇다고 결혼을 안 하겠다는 건 아냐. 지금은 주식 중개인이 되는 일이 더 중요하다는 거지. 난 도전하고 싶고 경쟁에서 이기고 싶어. 결혼은 그다음에.

아이는?

　하나면 되겠지. 그 이상 어떻게 돌보겠어? 입양해도 좋을 것 같아. 그래, 하나는 낳고 하나는 입양하면 좋겠다! 누군가 내가 입양하고 싶은 걸 이해하지 못하면 결혼할 수 없겠지. 난 입양하는 거 상관 안 해. 좋은 일이잖아.

같은 나이의 베트남 여자들은 어떻게 살고 있을까?

　뻔하지 않나? 결혼하고, 아이 낳고, 매일 저녁을 하고…….

10년 또는 20년 후에 어떤 모습으로 살고 있을까?

　베트남 카페나 레스토랑을 운영하고 있을 거야. 모두가 차이니스 음식을 알지만 맛은 별로잖아. 내가 오픈할 베트남 카페의 이름도 정했어. 린 커피. 미국의 '뉴 스타벅스'가 될 거야. (웃음) 결혼은 하지 않았을까?

미국 여행은 많이 했어?

　캘리포니아의 플로리다 해안 좋아해. 중부나 서부는 싫어! 다른 인종을 볼 기회가 별로 없어서인지 바보들이 얼마나 많은지 몰라. 거기는 절대 가지 말라고! (웃음)

하루에 몇 시간이나 일해?

　오전 9시부터 오후 7시까지. 물론 주말엔 쉬지.

주말에 보통 뭐 해?

토요일엔 킥복싱을 해. 브런치를 먹고 저녁엔 데이트를 해. 차이나타운에 가 베트남 영화를 빌리고 저녁을 먹고 집에 가서 영화를 봐.

뉴욕의 무엇이 사람들을 싱글로 살게 할까?

그 질문의 대답을 듣고 싶으면 술부터 한잔 사. 왜냐하면 간단히 대답할 수 있는 문제가 아니라고. (웃음) 그건 뉴욕의 모든 사람이 스스로에게 하는 질문인지도 몰라. 뉴욕이란 도시는 나 자신에게 많은 질문을 하게 만들어. 이 점이 다른 도시와 뉴욕을 다르게 만드는 한 가지일 거야. 내가 누구지? 내가 누구냐고, 어떤 사람이냐고 끊임없이 물어. 그래서 내가 누구인지를 찾으려 하다 보면 몸이나 마음이나 다른 사람을 생각할 겨를이 없어. 나를 다른 사람에게서 찾을 수는 없잖아? 그러니 어떻게 뉴욕에서 싱글이 안 되겠어? 또 일할 때는 정신없이 바쁘잖아. 당장 해야 할 일과 나 외엔 다른 사람을 생각할 거 같은 건 없어. 일이 끝나고 혼자 있을 때는 내가 누구인지, 이런 고민에 사로잡혀 있으니 싱글이 될 수밖에 없을 거 아냐.

그래서 린은 자기가 누구인지 발견했어?

물론! 나는 내가 누구인지 아주 잘 알아. 하지만 내가 어떤 사람인지는 말할 수 없어. 그건 비밀이라고! 내가 어떤 사람인지 알게 되면 당신 다쳐! (웃음) 나 자신에 대해 싫은 것? 그건 더 말하기 싫어. 그건 내 약점을 말하는 것과 같잖아. 누구나 자신의 약점을 말하는 건 싫지 않을까? 더구나 낯선 남자 앞에서? 노! 하지만 이건 말할 수 있다. 내가 크레이지 걸 crazy girl이라는 것. 난 수줍음이 별로 없잖아. 매우 똑똑하고 자신감 있고, 나 자신을 좋아한다는 것.

뉴욕,
뉴요커

내가 뉴욕에서 한 가지 정말 이해할 수 없었던 건 까다롭기로는 세계에서 첫째 갈 뉴요커들이 커피 맛에 관한 한 아주 관대하다는 사실이다. 그렇지 않고서야 지금 갓 뽑아 낸 신선한 커피나 테이크아웃한 지 이틀쯤 지난 커피 맛을 구별하지 않고, 신선하거나 말거나 있는 커피콩을 무조건 갈아서 커피 메이커로 내려 우유 넣고, 설탕 넣으면 그만일 수는 없지 않는가? 그러니 언젠가 린이 꿈꾸는 대로 '린 커피'가 뉴욕에서 오픈하면 진짜 커피 맛도 모르고 멀건 아메리카노만 홀짝거리는 뉴요커들에게 신선하고 진한 베트남 커피 맛을 보여 줄 수 있겠다. 그때 나도 린 커피에서 얼음 위에 연유가 듬뿍 들어간 오리지널 베트남 아이스커피 '카페 쓰어 다'를 맛보고 싶다. 그런데 이러다 10년 쯤 후에 정말 '린 커피'가 정말 '뉴 스타벅스'처럼 되는 건 아닐까? 언제나 자신만만하고 똑 소리 나는 뉴요커 린에게 불가능한 꿈은 없어 보인다.

내가 나일 수 있는 곳

정명주

한국에서 외국계 제약 회사를 다니다가 그만두고 뉴욕에 왔다. "좋은 회사를 왜 그만두느냐?"고 모두가 말렸지만, 재미없는 회사를 더 이상 다니기도 싫었고, 안일하게 사는 것도 싫었다. 겁 많고 소심한 탓에 생각만 하다가 어느 날 갑자기 저질러 버린 일이다. 먹고사는 일을 걱정하는 게 뉴욕이라고 다르겠는가? 하지만 뉴욕에서는 삶의 속도를 스스로 조절할 수 있어 좋다. 뉴욕에서 8년을 살았고, 2년 전부터 맨해튼에서 게스트하우스를 운영한다.

여기서 대충 사는 사람은 없다

뉴욕의 첫인상은 어땠어요?

일주일간 관광지만 다녔는데 재미없었어요.

재미없는데 왜 다시 왔죠?

재미를 느껴 보려고 다시 왔어요. 처음에는 지저분하고 정신없고 거칠게만 느껴졌어요. 그런데 마지막 날 저녁에 그리니치빌리지를 돌아다니는데, 거기도 관광객이 많은 곳인데 뭔가 느낀 거예요. 앗, 여기 뭐가 있구나! 내가 제대로 못 봤구나! 하고 어떤 냄새를 맡았어요.

그게 뭘까요?

그때는 잘 몰랐는데 나중에 생각해 보니 내가 나일 수 있게 만드는 에너지 같은 거예요.

무슨 말이죠?

뉴욕에서는 왠지 내 템포대로 갈 수 있을 것 같았어요. 한국에서는 대학을 졸업하면 직장을 구하고 다음에는 결혼하는 식으로, 어떤 나이에 무엇을 해야 한다는 틀이 있잖아요. 뉴욕에는 그런 강요가 없어요. 뉴욕은 사람을 자율적이게 만들어요. 남들이 강요하는 틀에 맞추지 않고 내

가 원하는 틀을 만들 수 있는 거죠. 내가 나일 수 없으면 뉴욕에서 멋있게 살 수 없으니까 어떠해야 하는지 치열하게 고민하는 거죠. 선택했다는 게 중요해요. 한국에서 태어난 것은 내가 선택한 게 아니지만 뉴욕에 온 것은 내가 선택한 거잖아요. 내가 선택했기 때문에 좋은 일이 있으나 나쁜 일이 있으나 버틸 수 있는 거죠.

여기 살면서 공부할 생각은 안 했어요?

학교에 들어가고 싶지 않았어요. 학교라는 울타리는 학생을 보호해 주기도 하지만 학생이 누리는 혜택이란 게 인생을 안일하게 만드는 것 같아요.

뉴욕의 가장 큰 매력은 어떤 점이죠?

내가 뭔가에 관심 있으면 그게 무엇이건 나를 만족시켜 줄 수 있어요. 영화를 좋아하면 다양한 장르의 영화를 볼 수 있고, 음식을 좋아하면 다양한 종류의 음식을 맛볼 수 있어요. 여름에 뉴욕 필하모닉이 센트럴 파크에서 공연하는데 입장료가 없어요. 메트로폴리탄 오페라도 무료로 볼 수 있어요. 도시의 에너지 레벨이 굉장히 높다는 점이 도시를 생기 있게 만들어요. 뉴욕에 오기 전에 서부에서 공부를 했는데, 도시마다 에너지 레벨이 있다는 걸 그때는 몰랐어요. 뉴욕에서는 갖가지 인종의 사람이 갖가지 일을 하며 사는데, 전체적으로 이들이 박진감 있게 살아요. 그런데 사실 뉴욕은 아주 작은 동네거든요. 좁은 공간에 우글우글 모여 사니까 생명력 같은 기가 느껴지는 거죠. 서부가 딱! 하고 한참 있다가 다시 딱! 하는 곳이라면, 뉴욕은 처음부터 끝까지 따다닥닥닥! 이렇게 가는 거죠. 미국의 다른 도시를 가 보면 마치 50대 이상의 사람들만 사는 것처

럼 가라앉은 느낌이거든요.

뉴욕의 기라는 게 사람을 누르는 에너지, 경쟁을 강요하는 에너지는 아닌가요?

남을 압박하는 에너지라기보다는 방임하는 에너지, 솟아나는 에너지 같아요.

서울과 비교하면 어때요?

서울도 빨라요. 어쩌면 더 빠른 것 같아요. 빠른 것은 비슷한데 서울에서는 한 가지 문화, 한 가지 인종, 한 가지 유행이 뿜어내는 에너지를 느낄 수 있다면, 여기서는 복잡한 컬러의 에너지를 느낄 수 있다는 거죠. 뉴욕에서 지내보면 내가 뉴욕과 맞는지 안 맞는지 금방 느낄 수 있어요.

한국 여자가 뉴욕에 사는 게 힘들지는 않나요?

그다지 불편하지 않았어요. 사람들이 늘 친절했던 것 같아요. 오히려 아시안 여자이기 때문에 편했어요. 전 직장의 유대인 보스는 한국 사람을 좋아했는데 '한국 사람'이란 이유로 내게 일을 맡겼어요. 또 인종이 다르면 서로 나이를 추측하는 게 힘들잖아요. 지금도 나를 스물 서넛으로 보는 남자들이 있다니까요. (웃음)

영어는?

새로 생긴 말 얘기하면 몰라요. 하지만 지금은 크게 불편한 점 못 느끼고 살아요.

한국이 아니고 뉴욕에 살아서 달라진 점이 있겠죠?

남을 의식하지 않고 살아요. '결혼했어? 몇 살이야?' 한국 사람이 흔히 하는 이런 질문을 뉴요커는 절대로 하지 않아요. 서로의 영역을 존중하는 거죠. 한편으로는 남을 신경 쓰지 않는다는 얘기고, 개인주의적 성향이 극단적으로 나타나는 거죠. 내가 남들에게 어떻게 보이든 그 사람들 문제지 내가 신경 쓸 문제는 아니라는 거죠. 돈을 모으지 못하는 것은 다르겠죠. 한국에 있었으면 아파트라도 한 채 샀을 텐데……. 안정적인 생활이 보장되는 건 아닌 것 같아요. 여기 사는 게 리스크가 크죠.

그런데 왜 여기서 살죠?

재밌으니까요. 리스크 있는 게 재미있잖아요? 영화 볼 때 줄거리가 예상되면 재미없잖아요.

이제는 리스크를 즐길 만큼 먹고살 만한 여유가 생긴 것 아닌가요?

그럴 수도 있겠네요. 아무튼 리스크가 느껴지면 가슴이 일렁일렁하고, 심장이 빨리 뛰잖아요. 그런 느낌이 좋아요.

리스크를 즐긴다는데 참 편해 보여요.

뉴욕에서는 내 템포대로 갈 수 있어서 편해 보이는 건지도 모르겠어요. 내가 편해질 수 있는 상황을 내가 자꾸 만들어 가니까요. 서울에서는 그렇게 하기가 힘들었어요.

왜죠?

다들 한마디씩 하잖아요. 이를테면 누가 나한테 왜 결혼을 안 하냐고 물었을 때 난 하기 싫다고 하면 도무지 이해할 수 없다는 표정을 지어요. 그럼 남자를 데려다 주든가! (웃음)

여기서 누구도 나를 상관하지 않는다는 것은 이방인이기 때문 아닌가요?

맞아요. 하지만 이방인이 꼭 쓸쓸한 것만은 아녜요. 어쩌면 뉴욕은 주인 없이 나 같은 이민자들만 모여 살기 때문에 이방인들이 살기에 편한 도시인지도 몰라요.

한국에는 뉴욕을 동경하고 꿈꾸는 사람이 많아요.

TV나 영화에서 본 것 같은 뉴욕을 꿈꾼다면 머릿속에서 동경하고 마는 게 좋을 거예요. 여기서 일을 하거나 살 생각을 하면 안 돼요. 살려는 순간 당장 렌트비 내는 것부터 처절해지는 곳이 뉴욕이에요. 물론 뉴욕처럼 쇼핑하기 좋은 곳은 없으니까 쇼핑하러 오는 것은 좋아요. 하지만 여행이 아니라 무엇인가 해 보겠다면 대단한 각오가 필요해요. 나는 여기서 8년을 살았는데 처음 1~2년은 힘들었어요. 힘들 때마다 일이 끝나면 타임스 스퀘어에 갔어요. 거기엔 항상 사람들이 많잖아요. 이렇게 사람이 많은데 왜 난 혼자인 거지? 청승을 떨면서 더 외롭게 만들었어요. 그렇게라도 하지 않으면 못 견딜 것 같았거든요.

한국에 돌아가고 싶은 적은 없었어요?

심하게 아팠을 때 한 번 있었는데 몸이 좋아지니까 금방 잊어버렸어요.

9·11 때는 어땠어요?

보통 지하철 안에서 다른 사람과 눈이 마주치면 살짝 웃거나 외면하거든요. 그런데 9·11 다음 날 회사에 가는데 다른 사람과 눈이 마주치면, 주변에 혹시 죽은 사람은 없느냐? 하고 이야기를 주고받다가 갑자기 울음바다가 돼 버리는 거예요. 지하철 안에서 처음 보는 사람들끼리 위로해 주고 안아 주고……. 언제 죽을지 모른다는 걸 다시 깨달았어요. 지금 신나게 얘기하고 내일 계획을 짜고 있지만, 뉴욕이 아니고 9·11이 아니더라도 당장 내가 죽을 수 있다는 것을 너무 가까이에서 느낀 거죠.

죽어라고 걸어서 여기 가고 저기 가야
뉴욕의 진짜 모습을 볼 수 있어요.
노력해야 보여 준다는 식이니,
뉴욕은 자기를 보여 주는 방법도 뉴욕다운 거죠.

섹스 앤 더 시티

8년 전과 지금 뉴욕을 비교하면 어때요?

 스카이라인이 많이 달라졌어요. 개인적으로는 긴장감이 없어지고 편해졌고, 지하철은 더 지저분해졌어요.

뉴욕에 처음 왔을 때 지하철이 너무 지저분해서 놀란 기억이 나요.

 한국에서 온 분들 중 지하철이 왜 그렇게 지저분하냐고 불평하는 사람들이 있어요. 쥐가 나다닐 만큼 더럽고 악취가 나고, 차 안 오고, 가다가 정지해 한참 동안 안 움직이기도 하죠. 보통 한국에서 뉴욕으로 여행 와 지내는 시간은 겨우 한 달밖에 안 돼요. 큰돈 들여 여행 왔으니 한국에서는 경험할 수 없는 걸 한다는 식으로 여유 있게 받아들이면 될 것 같아요. 뉴욕 생활은 쾌적하지 않아요. 맨해튼의 비싼 아파트에 사는 사람들도 모두 쥐와의 에피소드가 하나씩 있을걸요. 와일드 라이프죠. 쥐나 바퀴벌레(샤워를 하다가 수챗구멍의 머리카락을 발견하고 빼 들었더니 으악! 물바퀴 더듬이였다는 식의 얘기는 뉴요커라면 누구나 하나씩은 가지고 있는 뉴욕 라이프의 에피소드다.)와 대면하고 사는 게 뉴욕 생활이라고 말할 수도 있어요. 왜냐하면 대부분의 건물이 100년 이상 된 게 많으니까. 하지만 이게 전부가 아니라 감수할 수 있는, 감수해야 하는 사소한 부분이라는 거죠.

〈섹스 앤 더 시티〉가 한국에서도 인기가 많았어요.

 대리 만족이 주는 환상이죠. 나와 같은 유형의 여자들, 노처녀들 이야기잖아요. 왜곡되었다고 말할 수 없지만 과장되어 있죠. 1%의 라이프라고 할까. 주인공들 모두 직업적으로 잘나가고, 매일 밤 섹스를 하잖아요. (웃음) 더구나 그 정도 살려면 렌트비만 한 달에 8,000달러에서 1만 달러, 800만 원에서 1,000만 원이 든다고요. 생활비 전부가 아니라 렌트비만 그렇게 들어요.

캐리와 친구들이 사는 곳이 어디로 나오죠?

두 사람은 어퍼 이스트, 한 사람은 미트패킹, 한 사람은 그리니치빌리지에 사는 걸로 나오는데 그런 데서 그만 한 공간 가지고 살려면 그 정돈 내야 하거든요. 대신 캐리는 렌트비를 법률로 규제하는 빌딩에 살아서 렌트비가 비싸지 않은 것으로 설정되어 있긴 해요.

드라마와 현실은 어떤 차이가 있을까요?

현실은 보여 주는 게 아니라 내가 사는 거죠. 드라마는 보여 주기 위해 스토리를 만들어 내죠. 매일 파티에 가고, 바에 가지만 현실에서는 그렇지 않잖아요. 1년에 한 번, 한 달에 한 번 일어날 수 있는 이벤트를 매일 벌어지는 일로 표현하죠.

뉴욕이 거칠다고는 느끼지 않나요?

속도감은 느껴지지만 거칠다는 느낌은 별로 없어요. 사람을 미치게 하는 점은 있죠. 지하철이 갑자기 터널 안에서 멈춰 30분, 한 시간씩 서 있잖아요. 사람은 많고, 문제 해결하는 데 얼마나 걸린다는 방송도 안 하고, 창밖으로는 아무것도 안 보이고, 휴대폰은 터지지 않고 숨이 탁 막힐 것 같아요. 그런데 기가 막힌 것은, 그 성질 급한 뉴요커들이 아무 불평도 없이 얌전히 기다린다는 거. 빈번하게 있는 일이라 면역이 생겨 그런가 봐요.

지하철은 왜 그 모양이죠?

뉴욕,
뉴요커

생긴 지 100년이 넘었잖아요. 계속 고치기는 해도 조금씩 개선해 나가는 거지, 시스템을 완전히 바꾸지는 못하죠. 지하철 운행을 멈출 수도 없고 계속 움직여야 하니까. 한국에서 지하철이 멈추면 어떻겠어요? 나 어디에 있어! 갇혀 있어! 전화하고 요금 환불하라고 난리가 나겠죠. 뉴욕 지하철에서는 전화가 안 터지니 우린 전화를 할 수도 없어요. 그때 뉴요커들을 가만히 보면 사람들이 참 고분고분해요. 에고, 또 갇혔구나! 빨리 해결되면 좋겠네, 이런 식이죠.

뉴욕 여행법

뉴요커 애기를 좀 더 해 볼까요. 뉴요커들은 어떤 사람이죠?
자기 생활에 만족하고 즐겁게 살아요. 편견이 없어요. 요가의 종류가 아주 많잖아요. 어떤 요가 학원이든 뉴욕에서 오픈하면 당장 망하는 일은 없대요. 뉴요커들은 호기심을 갖고 일단 해 본다는 거죠. Let's do it! 뉴욕에 사는 사람들이 젊고 활동적으로 살기 때문인 것 같아요.

또 뉴요커들은 의무감이 별로 없어요. 성인들도 차가 없고 집이 없어 매인 게 없어서 그런지 의무감이 없는 대신 즐기며 살려고 해요. 센트럴 파크에 눈이 쌓이면 아이들만 썰매 타고 스키 타는 게 아니라 어른들도 천연덕스럽게 스키를 타고 썰매를 타요.

우리는 시골에서 비료 부대 같은 두꺼운 비닐 갖고 썰매를 타는데 뉴요커들은 종이 박스 타고 노는 거죠. 애들이나 어른이나 똑같아요. 뉴요커들이 개인주의적인 것은 맞는데 무책임하다고 할 수는 없어요. 다만 더 즐기고 싶은 게 많은 사람들인 거죠.

뉴욕에서 만난 사람 중 특별히 기억나는 사람이 있나요?

마지막 직장 보스였던 스티브. 자수성가한 사람인 면에서 기억에 남아요. 30대 후반에 빈손으로 미국 와서 천만장자가 됐으니까. 지금은 60대 중반이에요.

어떻게 그렇게 큰돈을 벌었죠?

전자 제품 대리점을 했대요. 이스라엘에서는 역사학 교수였는데 학교에 있으면 돈을 못 벌겠구나 싶어서 집어치우고 뉴욕에 와서 3D 업종부터 시작했대요. 뉴욕이니까 가능한 기적이에요. 뉴욕의 비즈니스는 미국 사람만 대상으로 하는 게 아니라 전 세계를 대상으로 하니까요. 아프리카나 남미에서도 뉴욕으로 물건을 사러 오거든요.

뉴욕에서 특히 좋아하는 장소가 있나요?

소호. 하지만 브로드웨이 같은 관광지를 말하는 건 아녜요. 소호라고 해도 설리번 거리처럼 한적한 곳을 좋아해요. 월요일 아침 일찍 소호에 가면 관광객은 거의 없고 근처에 사는 사람이나 일하는 사람들만 보이거든요. 진짜 뉴요커들인 거죠. 소호는 계속 변해서 좋아요. 그것도 아주 급격히 변하거든요. 전과는 비교할 수 없겠지만 소호 부근에 아티스트들이 많이 사는 것도 동네를 재미있게 만들어요.

소호 다음으로는?

윌리엄스버그. 야생적이죠. 겉으로 보기엔 공장 지역 같아요. 어쩌다가 사람 하나 없는 거리를 지날라치면 누가 갑자기 돈 내놓으라고 덤빌 것 같은데, 그 삭막한 거리의 건물 안에 들어가 보면 독특한 문화가 있어요. 젊은 사람이 많이 살고, 나이 든 사람들도 크리에이티브한 일을 하며 살아요. 윌리엄스버그도 소호처럼 변화가 심해요. 오늘 가 보고 일주일 후에 다시 가 보면 어! 이런 게 생겼어? 하는 곳들이 많아요.

그럼 반대로 최악의 장소는?

미드타운. 미드타운이 어디냐면 타임스 스퀘어와 42번가 브로드웨이, 그랜드센트럴 같은 곳이죠. 너무 시끄럽고 정신없어요. 가끔은 소음이 뇌를 뽑아 갈 것 같아요.

관광객이 빼먹지 않고 가는 곳이네요?

그렇죠. 관광객이 매료되는 건 뉴욕의 진짜 모습보다는 늘 TV나 영화에서 보아 온 화려한 뉴욕일 테니까.

관광객들은 뉴욕에 가면 뮤지컬을 꼭 봐야 한다고 생각하는 것 같아요.

저녁 시간에 관광객이 할 수 있는 게 없으니까요. 어디에 좋은 바Bar가 있는지, 어디서 좋은 공연을 하는지 관광객은 모르잖아요. 브로드웨이는 쉽게 접근할 수 있으니까 뮤지컬을 보러 가는 거죠. 뮤지컬에 관광객이 몰리는 것은 마케팅의 힘이에요. 다른 초이스와 정보가 있으면 이스트빌리지나 윌리엄스버그로 가지 타임스 스퀘어에 가지는 않을 거예요.

뉴욕을 제대로 보는 법이 있다면?

관광지는 가지 말라고 하고 싶어요. 우리는 이미 TV를 통해 다 봤어요. 반복하는 게 의미가 없어요. 그래도 소호에 가고 싶다면 브로드웨이 같은 번화가 말고 톰슨 거리 같은 뒷골목으로 가야죠. 엠파이어스테이트 빌딩이 35번가에 있잖아요. 그럼 35번가를 걷는 대신 36번가를 걸으면 더 재밌어요. 이스트빌리지에 가도 사람들이 많이 가는 데가 아니라 로어 이스트사이드처럼 좀 더 남쪽으로 내려가 카페에 앉아 사람들을 구경하면 타임스 스퀘어에서 보던 사람들과 다르다는 것을 느낄 거예요.

뉴욕에서 무엇을 볼지는 각자가 선택할 수 있어요. 지저분한 것 안 보고 화려한 관광지만 다닐 수도 있고, 진짜 뉴욕의 모습을 찾아다닐 수도 있어요. 뉴욕에 여러 가지 교통수단이 있지만, 며칠 뉴욕을 다녀 보면 자연스레 걷는 게 최고라는 걸 알게 돼요. 죽어라고 걸어서 여기 가고 저기 가야 뉴욕의 진짜 모습을 볼 수 있어요. 노력해야 보여 준다는 식이니, 뉴욕은 자기를 보여 주는 방법도 뉴욕다운 거죠.

9·11 테러가 발생한 아침 정명주는 늦잠을 잤다. 평소처럼 출근했다면 그녀는 월드트레이드 센터 앞에 있었을 것이다. 죽음은 그렇게 그녀 곁을 한 번 스쳐갔는지도 모르지만 그녀는 여전히 뉴욕을 사랑한다고 말한다. 그렇다고 뉴욕에 대해 맹목적인 애정을 갖고 있지도 않다. 거친 뉴욕과 매력적인 뉴욕이 공존하는 것처럼, 그녀에게는 언제나 균형이 중요하다. 한국에서 회사를 다닐 때는 수동적이던 그녀가 매일 뉴욕을 개발한다며 도시 구석구석을 부지런히 탐험한다. 많은 뉴요커가 뉴욕을 사랑한다 말하겠지만, 그녀만큼 뉴욕을 누비고 다니지는 않을 것 같다. 오늘도 그녀는 뉴욕을 탐험한다.

창밖이 맨해튼인데 어떻게 잠을 자겠어?
브라이언 밀러

퀸즈 롱아일랜드 시티에서 태어났다. 브루클린의 스튜디오에서 촬영과 편집 일을 한다. 나를 처음 만났을 때 그는 "항상 일만 하는 따분한 사람"이라고 자기소개를 했지만, 사실 그는 아주 친절하고 유쾌한 사람이다. 33번가 코리아타운에 가 본 적 있냐며 서툰 한국말로 자기는 '우이집(우리집 식당)'을 좋아하고, 한국말을 할 줄 안다며 너스레를 떤다. 처음 만난 자리에서도 피부색과 언어에 상관없이 무척 친근하게 느껴진 친구다.

빅애플이 된 뉴욕

한국말 할 줄 아는 게 있다며?
 (한국말로) 안녕하세요, 네, 오비 있어요? 소주 있어요? (웃음)
어떻게 배웠어?
 뉴욕에 사니까. 뉴욕에 살면서 다른 나라 말을 조금 할 줄 알면 아주 좋거든. 스페인 어, 러시아 어, 베트남 어, 중국어, 한국어 등 단 몇 마디라도 하면 뉴욕에서 살기 편하다는 걸 알게 될 거야. 코리아타운 한국 식당에서, 내가 "아줌마, 여기요!"라고 하면 사람들이 얼마나 재미있어 하는데! 한국말은 TV에서 배웠어. 뉴욕에서는 늦은 밤이나 주말이면 코리아 채널을 시청할 수 있거든. 한국 영화나 드라마 좋아해. 〈친구〉, 〈쉬리〉, 〈마이 러브 삼순〉, 〈옥탑방 고양이〉는 정말 재밌게 봤어. 자막이 없어도 몇몇 단어들은 알아. 소주, 만두, 김밥…….
당신이 어렸을 때와 지금의 뉴욕은 어떻게 달라졌어?
 뉴욕은 과거에 펑크 시티 funk city 라고 불렸어. 온갖 나쁜 일들이 뉴욕에서 벌어졌고, 라스베이거스처럼 범죄의 온상지로 악명 높았어. 내가 어렸을 때만 해도 브루클린은 아주 위험한 곳이었어. 1960~70년대는 물론 심지어 80년대까지 악명 높았던 뉴욕의 역사는 당신도 잘 알 거야. 매일 살인 사건이 있었으니까. 내가 어렸을 때 항상 말썽을 피하려고 애썼던 게 기억나. 워낙 동네가 험하니까 잘못한 게 없어도 눈치를 보고 다닌 거지. 하지만 줄리아니 시장 이후 뉴욕은 완전히 변했어. 그는 정말 대단해. 시장에 취임하기 전 검사 시절에 유일하게 마피아와 맞선 사람이었고, 시장이 되고 나서는 뉴욕을 안전하게 만드는 데 전력을 다했어. 그 후 마이크 블룸버그 시장이 뒤를 이었고, 지금은 맨해튼, 퀸즈, 브루클린 등 뉴욕 어디를 가도 안전해. 새벽 2~3시에 어디를 돌아다니더라도 불안하지 않게 됐어.

브롱스는 어때?

브롱스도 변하고 있지만 다른 곳보다 속도가 좀 느려. 좋아질 거야. 하지만 새벽 2~3시에 브롱스를 걸어 다닌다? 그런 생각은 안 하는 게 좋아. 낮에는 상관없어. 브롱스에도 브롱스 뮤지엄 The Bronx Museum of Arts 처럼 오아시스 같은 곳이 있어.

당신에게 뉴욕은 어떤 도시야?

난 잠깐 뉴욕을 떠날 수는 있어도 뉴욕 아닌 다른 곳에서 살 수는 없어. 이를테면 여름은 서울에서 보내고 뉴욕으로 돌아가는 식으로 지낼 수 있지만, 서울에 있으면서도 뉴욕을 그리워할 게 분명해. 당신도 조심해야 해. 여기 오래 머물면 당신도 점점 뉴요커가 돼서 뉴욕을 떠날 수 없게 돼 버린다고. 한국에 돌아가서도 뉴욕을 그리워하게 될 거야. 왜 그런지 알아? 뉴욕은 모든 사람을 환영하기 때문이야. 미국이란 나라가 생긴 게 고작 몇백 년이 안 됐고, 여전히 성장하고 있고, 그런 면에서 무엇인가 해 볼 기회가

뉴욕,
뉴요커

많아. 뉴욕은 당신이 어떤 사람이고 어디서 왔는지 상관하지 않거든.

게다가 뉴욕이란 도시 안에 세계가 있어. 지하철을 타고 10분이면 차이나 타운에 갈 수 있는데, 거기 가면 마치 중국에 간 것 같잖아. 차이나 타운 몇 블록 위에는 리틀 이탈리아가 있어. 그 위에 유럽 스타일의 소호, 노호가 있고, 더 올라가면 33번가에는 코리아 타운, 53번가에는 리틀 도쿄가 있어. 더 올라가면 흑인이나 중남미 사람들이 모여 사는 할렘이나 브롱스에 갈 수 있어. 세상에 이런 도시가 또 있을까? 처음 뉴욕에 왔을 때가 기억나. 그날따라 일이 늦게 끝나 집에 가지 못하고 매디슨 애버뉴 41번가에 있는 호텔에서 혼자 잠을 자게 됐어. 집에 갈 수 없을 정도로 몸은 아주 녹초가 됐는데 잠을 잘 수 없었어.

왜?

창밖에 맨해튼이 있잖아! 나는 퀸즈에서 나고 자랐지만 맨해튼에서 혼자 밤을 보낸 것은 난생처음이었어. 세상에서 가장 특별한 도시, 뉴욕이 창밖에 있는데 어떻게 잠을 자겠어? 유엔이 뉴욕에 있는 것도 뉴욕이 어떤 도시인가를 말해 주잖아. 유엔은 인정한 거야. 뉴욕이 세상에서 넘버원 시티, 지구의 유일한 수도라는 걸. 세상에 넘버투 시티는 아주 많아. 하지만 넘버원 시티는 오직 하나, 뉴욕뿐이야.

세계의 수많은 대도시와 뉴욕이 다른 점은 뭘까?

뉴욕에서는 10분, 때로는 20분만 걸으면 바닷가에 도착해. 뒤로 돌아 다시 30분만 걸어가면 웨스트사이드 끝에서 이스트사이드 끝까지 갈 수 있어. 맨해튼의 동서 길이는 겨우 3킬로미터가 조금 넘어. 누구나 도시의 한 끝에서 다른 한 끝까지 걸을 수 있는 거지. 뉴욕은 거대한 도시 같지만, 한편으로는 아주 작아. 바다에서 마천루까지 동서로 3킬로미터 안에 모든 게 다 있는 특별한 도시이지.

뉴욕을 흔히 '빅애플'이라고 부르잖아. 그 이름은 어디서 온 거야?

맨해튼 땅 대부분이 농장이었어. 특히 사과 농장이 많았다고 해. 센트럴 파크가 완전히 인공적인 공원이라는 거 알아? 나무 한 그루 한 그루, 바위 하나하나가 전부 인위적으로 조성된 거야. 센트럴 파크가 전부 사람 손으로 만들어졌다고 생각하면 좀 이상하지 않아? 정원사가 하나하나 지시했을 거 아냐. 자, 그 나무는 저기에 심고, 저 바위는 여기에 갖다 놓으라고! 하는 식으로 말야.

뉴욕이 다른 도시와 비교해서 위대한 점 중 하나는 바로 이 센트럴 파크야. 세상의 어느 도시가 도시 한복판에 그렇게 거대한 공원을 만들겠어? 맨해튼 한복판에 자리한 센트럴 파크는 정말 금싸라기 땅이야. 부동산의 가치를 따져 보면 굉장하지만 어느 누구도 센트럴 파크를 없애고 빌딩을 짓자고 말하지 않아. 센트럴 파크는 그곳에 그냥 있어야 해. 그게 옳은 거니까. 뉴요커는 모두 이렇게 생각해. 어떤 사람들은 런던의 하이드 파크를 얘기해. 하이드 파크? 쳇, 그 쥐꼬리만 하이드 파크 한쪽에서 돌을 던지면 다른 한쪽 끝까지 날아갈걸. 센트럴 파크와는 비교할 수 없어.

이해받기 위해 뉴욕으로 온다

뉴요커는 어떤 사람들이야?

만약 당신이 귀고리를 하고 코에는 피어싱을 하고 미국의 와이오밍이

뉴욕,
뉴요커

나 블래스카 같은 작은 도시에 가면 무슨 별나라에서 뚝 떨어진 사람 정도로 취급할 거야. 미국뿐만 아니라 한국의 작은 도시에 가도 마찬가지 아닐까. 하지만 뉴요커는 모든 사람을 받아들여. 그래서 아티스트, 뮤지션, 댄서 들이 뉴욕으로 모여드는 거야. 지하철에서 사람들을 가만히 살펴보면 많은 사람들이 포트폴리오 가방을 들고 있고, 예술이나 철학에 관한 책을 읽는 걸 알게 될 거야. 모두 자기가 살던 곳에서 받아들여지지 않았던 사람들인지도 몰라. 자기 같은 사람들, 보통과는 다른 생각을 가진 사람을 만나고 싶은 거야. 이들은 작은 도시에서는 이해받지 못했어. 하지만 뉴욕은 달라. 뉴욕은 차이를 인정하고 받아들여. 우디 앨런 영화를 보면 주인공이 델리나 핫도그를 파는 리어카에 가서 핫도그 하나 사고서도 핫도그 파는 남자와 함께 철학이 어떻고, 사랑이 어떻고, 증오가 어떻고 하면서 한참을 이야기하잖아. 그게 뉴욕이야.

우리가 있는 이 건물 밖으로만 나가도 뉴욕이 어떤 곳인지를 볼 수 있어. 누군가는 거리의 벽 위에, 또 다른 누군가는 버스 정거장에 자기 그림을 붙여 놓았어. 이런 그림들이 거리의 에너지를 만들어. 어떤 사람은 낙서라느니 반달리즘이라고 하지만, 그건 단순한 그래피티가 아니야. 대개의 그래피티는 형편없고 낙서에 불과해서 그래피티라는 말 자체가 부정적인 의미를 담고 있지만 어떤 그래피티들은 정말 아름다워.

뉴요커가 불친절하다고 불평하는 사람들이 많아.

거리에서 나를 툭툭 치고 가는 사람들 대부분이 관광객이야. 뉴욕은 불친절하고 거친 도시라는 오명을 쓰고 있어선지 뉴욕에서는 예의를 지킬 필요가 없다고 생각하나? 크리스마스 휴가 때 낮에는 록펠러 센터의

누군가는 거리의
벽 위에, 또 다른
누군가는 버스 정거장에
자기 그림을
붙여 놓았어.
이런 그림들이 거리의
에너지를 만들어.

뉴욕,
뉴요커

거대한 크리스마스트리를 보거나 센트럴 파크에서 스키를 타고, 밤이면 술을 마시고 뉴요커들을 툭툭 치고 다니는 사람들은 바로 관광객이라고!
(웃음)

당신에게 뉴욕의 베스트를 꼽으라면 어디야?

와우, 그런 질문이 어딨어? 그건 당신 자식들 중 누가 제일 예뻐? 하고 묻는 거잖아. 당연히 모든 아이들이 다 예쁘죠! 하지만 (갑자기 속삭이듯) 가장 예쁜 자식이 있긴 있을 거야. 대답을 안 하는 것뿐이지.

친구가 뉴욕에 오면 어디에 데려가고 싶어?

먼저 베라자노 브리지Verrazano Bridge, 베라자노는 뉴욕에 처음 도착한 네덜란드 사람이다.로 갈 거야. 브루클린 남쪽과 스태튼 아일랜드를 잇는 다리야. 페인트칠만 다를 뿐이지 샌프란시스코의 금문교 같은 다리야. 거기에서 시작해 브루클린 항구로 가는 거야. 브루클린 창고 지역에서 자유의 여신상과 로어 맨해튼의 고층 빌딩 스카이라인을 볼 수 있어. 그다음에는 워터 택시를 타고 자유의 여신상에 갔다가 로어 맨해튼으로 갈 거야. 그곳에서는 네덜란드가 남긴 흔적을 볼 수 있어. 그 다음에는 트라이베카, 차이나 타운, 리틀 이탈리아, 리틀 코리아를 거쳐 매디슨 스퀘어 가든에 가서 쇼나 하키 게임을 보거나. 아니면 록펠러 센터에 가서 스케이트를 타거나 록펠러 센터 전망대에 올라가면 좋겠지. 전망대에 올라가면 엠파이어스테이트 빌딩을 정면으로 볼 수도 있어. 그 다음엔 타임워너 센터에서 쇼핑을 하거나 업타운에 있는 귀여운 애플 컴퓨터 매장도 보고, 모마나 메트로폴리탄 같은 뮤지엄도 가야지. 또 센트럴 파크에 가서 존 레넌이 즐겨 찾았다는 스트로베리 필즈, 지금도 오노 요코가 살고 있는 다코

타 아파트 Dakota Building도 구경하고, 그 옆의 자연사 박물관에도 들르고, 지하철을 타고 북쪽으로 더 올라가면 할렘을 지나 브롱스에 이르니, 양키 스타디움에서 야구경기 하나 보면 하루가 가지 않을까. 헉헉~.

뉴요커들이 베르메르 17세기 거장 베르메르가 남긴 작품은 고작 서른 몇 점인데 그중 뉴욕에 여덟 점이 있고, 메트에만 다섯 점이 있다. **그림을 좋아한다는 기사를 본 적이 있어. 왜 하필 그의 그림이지?**

   뉴욕은 네덜란드 사람들에 의해 만들어졌어. 그래서 우리는 알게 모르게 네덜란드 스타일에 익숙해 있는 거야. 실제로 다운타운에는 네덜란드 스타일의 오래된 건물들이 많이 있어. 이를테면 월 스트리트 남쪽 체임버 거리 Chamber St.는 네덜란드 같다고 말하는 사람도 있어. 그러니 네덜란드 스타일이란 건 몰라도 네덜란드 스타일에 익숙해져 있어. 베르메르의 그림을 좋아하는 것도 그의 그림이 무엇인가 뉴요커에게 익숙하기 때문일 거야. 햄프턴이라고 알아? 뉴욕에서 기차로 2시간 정도 걸려. 수로로 둘러싸인 곳인데 햄프턴에서 오후 늦게 사진을 찍으면 베르메르 그림 같다고 얘기해. 왜냐하면 햄프턴에는 네덜란드 스타일의 건축이 많거든.

모든 사람의 고향, 뉴욕

뉴욕에서 살고 싶은 곳이 있다면?

   웨스트 55번가, 헬스 키친 Hell's Kitchen이라 불리는 동네야. 헬스 키친이란 단어와 그 지역과는 아무 상관없어. 웨스트 55번가는 겨울이면 가로수에 크리스마스 장식을 해. 55번가 바로 옆이 센트럴 파크야. 센트럴 파크에는 마차가 다녀. 눈 내리는 밤에 크리스마스 장식을 한 가로수 길 사이를 마차가 지나가는 거야. 웨스트 55번가는 정말 로맨틱한 거리야. 그다음으론 웨스트빌리지의 제인 스트리트같은 곳에 살면 좋겠어. 고풍스러운 브라운스톤 하우스들이 아름답게 늘어서 있어.

뉴욕은 어디를 가나 집을 구하는 게 이슈인 것 같아.

브루클린의 렌트비는 4~5년 전만 해도 400~500달러였는데 지금은 3,000달러야. 4~5년 전에는 브라운스톤 하우스 한 채를 사는 데 15만 달러 정도면 됐거든. 지금은 얼마인 줄 알아? 끝없이 오르고 있어.

내게 가 보라고 권하고 싶은 곳 있어?

코니아일랜드 Coney Island.

거긴 관광지 아냐?

그렇지 않아. 특히 겨울에는 관광객이 별로 없어. 지하철 F선을 타고 마지막 역에서 내리면 코니아일랜드야. 100년도 더 됐지만 여전히 아름다워. 100년 동안 전혀 바뀌지 않은 오래된 간판, 광고판을 볼 수 있어. 괴상해 보일지도 몰라. 이탈리아 영화감독 페데리코 펠리니 알아? 젤소미나라는 주인공이 나온 〈길〉이란 영화 만들었잖아. 코니아일랜드는 펠리니의 영화에 나오는 뚱뚱한 여자, 아주 작은 개, 괴상한 사람들 같은 느낌이야. 참, 거기에 가면 네이슨 핫도그 Nathan's Famous도 꼭 먹어봐야 해.

진짜 뉴욕은 어디 가면 느낄 수 있을까?

러시아워인 아침 7시부터 9시까지 플러싱 Flushing, 뉴욕에서 한국 사람들이 가

온갖 인종이 가득한 지하철은 얼마나 비좁은지
코가 간지러워도 팔을 꼼짝할 수 없어.
7호선을 한 번만 타 보면
뉴욕에서 사람들이 얼마나 열심히 사는지 볼 수 있어.

장 많이 모여 사는 곳에서 맨해튼까지 다니는 지하철 7호선을 타 보면 돼. 그게 뉴욕이야, 진짜 뉴욕! 온갖 인종이 가득한 지하철은 얼마나 비좁은지 코가 간지러워도 팔을 꼼짝할 수 없어. 7호선을 한 번만 타 보면 뉴욕에서 사람들이 얼마나 열심히 사는지 볼 수 있어. 진짜 뉴욕을 보고 싶으면 카네기 델리 Carnegie Deli 같은 데는 가지 마. 우디 앨런 영화에도 나왔고, 영화배우나 스타들이 드나드는 델리거든.

타임스 스퀘어나 브로드웨이는?

거긴 뉴욕이 아니고.

무슨 말이야?

거기 있는 사람은 전부 관광객이라고. 타임스 스퀘어가 어떤 곳이냐고 한마디로 말한다면, 뉴요커는 하나도 없는 곳! 뮤지컬? 바로 당신을 위한 거야! 라이언 킹? 당신 같은 관광객을 위해 우리가 공연하는 거라고! (웃음) 뮤지컬을 보러 가는 뉴요커는 거의 없어. 또 한 가지 재밌는 게 뭔지 알아? 대부분의 뉴요커는 자유의 여신상에 가 본 적이 없다는 거야. 거기 다녀오는 데 꼬박 하루가 걸려. 그렇게 한가한 뉴요커는 없다고. 나는 가 봤어! (웃음) 대단히 큰 줄 알았는데 막상 가 보니 에고~, 아주 작더라고.

뉴욕에 살아서 좋은 점은 뭐야?

좋은 점인지 저주인지 모르겠지만 (웃음) 당신도 뉴욕에 오래 살면 점점 뉴요커가 될 거야. 한국으로 돌아간 다음에도 뉴욕을 그리워할 거야. 뉴욕은 누구의 고향도 아니지만 모든 사람의 고향이거든. 뉴욕은 모든 사람을 반갑게 맞아 준다고 했잖아. 당신이 뉴욕을 떠나 한국으로 돌아갔어. 문제가 뭔지 알아? 정작 당신이 살아온 그곳에선 당신이 환영받지 못할 수도 있다는 걸 알게 되는 거야. 당연히 당신을 안아 주던 뉴욕이 그리울 수밖에 없겠지? 뉴욕에선 다양한 인종의 택시 운전사들과 얘기하는 것도 재미있어. 당신이 어디에 가서 무엇을 하든 따뜻한 마음만 가지고 있으면 누구와도 가까워질 수 있어. 뉴욕은 따뜻한 심장을 가지고 있는 도시거든.

지하철을 타면 누군가 당신을 툭툭 칠 수 있잖아. 하지만 기분 나빠하지는 마. 어쩌면 그 사람은 방금 힘든 일을 겪어서 힘들어하고 있는지도 몰라. 사는 건 어디나 힘들고, 뉴욕도 다르지 않아. 하지만 고된 삶의 이면엔 진짜 삶을 살아 내는 사람들이 있잖아. 뉴욕에서는 종종 터널 안에서 지하철이 멈춰 버려. 그럴 때 옆 사람을 돌아보라고. 그는 뭔가 이야기를 하고 싶어 할 거야. 용기를 내 말을 걸어 봐. 어두운 터널 안에서 지하철이 언제 움직일지 불안해하며 무작정 기다리는 것보다 옆 사람과 얘기를 나누다 보면 모두 기분이 좋아질 거야.

지하철을 타면
누군가 당신을 툭툭 칠 수 있잖아.
하지만 기분 나빠하지는 마.
어쩌면 그 사람은 방금 힘든 일을 겪어서
힘들어하고 있는지도 몰라.

뉴욕,
뉴요커

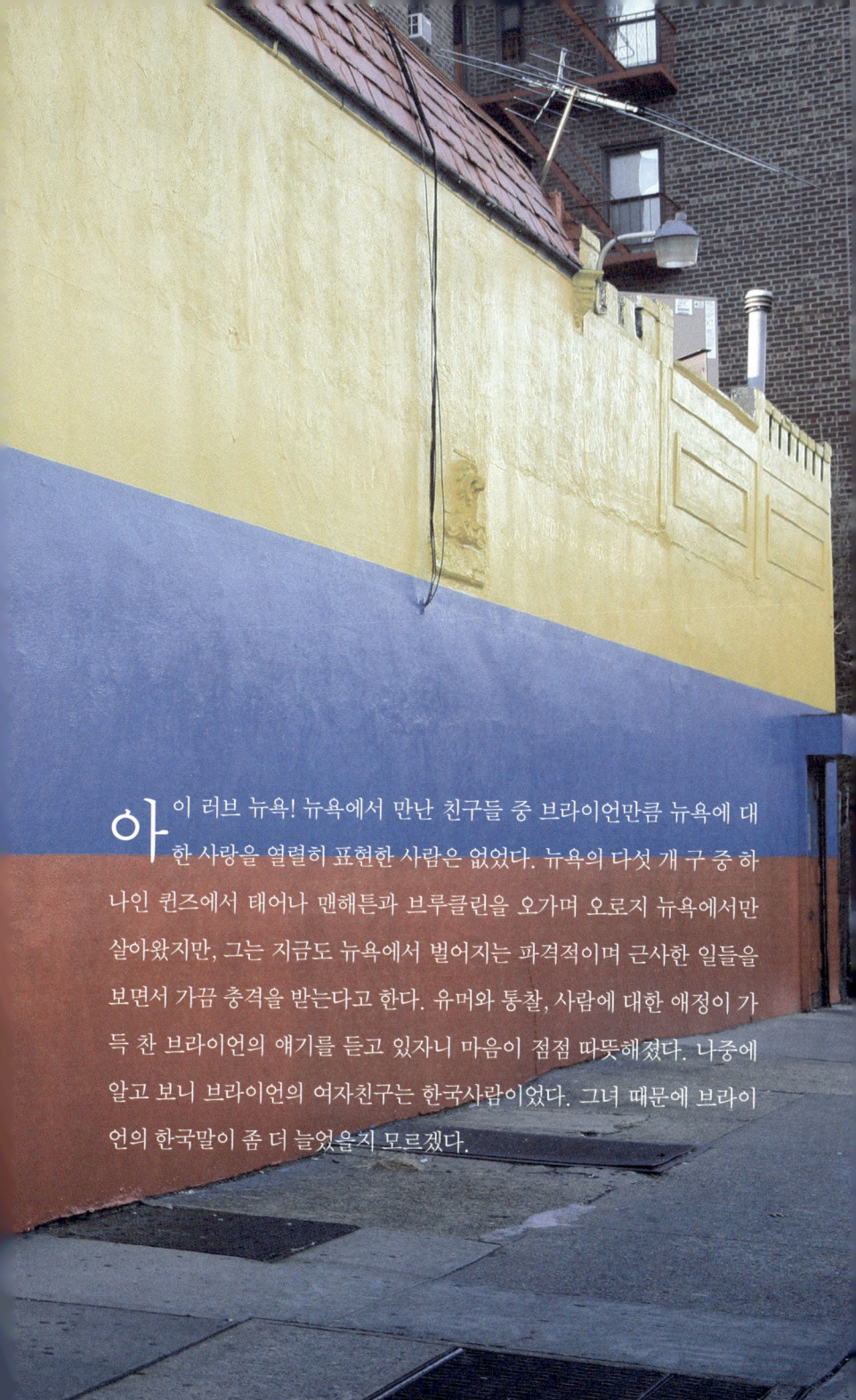

아이 러브 뉴욕! 뉴욕에서 만난 친구들 중 브라이언만큼 뉴욕에 대한 사랑을 열렬히 표현한 사람은 없었다. 뉴욕의 다섯 개 구 중 하나인 퀸즈에서 태어나 맨해튼과 브루클린을 오가며 오로지 뉴욕에서만 살아왔지만, 그는 지금도 뉴욕에서 벌어지는 파격적이며 근사한 일들을 보면서 가끔 충격을 받는다고 한다. 유머와 통찰, 사람에 대한 애정이 가득 찬 브라이언의 얘기를 듣고 있자니 마음이 점점 따뜻해졌다. 나중에 알고 보니 브라이언의 여자친구는 한국사람이었다. 그녀 때문에 브라이언의 한국말이 좀 더 늘었을지 모르겠다.

난 할렘이 좋아요

임산아

스물세 살. 미국에서 태어났다. 여섯 살에 한국으로 가 초등학교를 마치고 다시 미국으로 조기 유학을 왔다. 하지만 중학교 이후 집에서 학비든 생활비든 거의 돈을 받지 않았다. 온갖 일을 하며 생활비를 벌었다고. 의과를 다니다 글쓰기로 전공을 바꾸고 국제 정치, 여성학 등을 공부했다. 두 달 전 시애틀의 대학을 졸업하자마자 달랑 가방 두 개 들고 뉴욕으로 왔다. 장학금도 받고, 여행도 하고 싶어 세네갈과 에콰도르에서 여성 관련 단체의 인턴으로 일하다가 아프리카에서 조산원을 하며 살고 싶다는 생각을 하게 됐다. 지금은 보건 관련 비영리 기구에서 일한다.

아프리카에서 일하고 싶다

어떻게 해서 미국에서 살게 된 거야?

아빠가 위스콘신에서 대학원을 다녔는데 그때 나를 낳았어요. 여섯 살 때 한국으로 가 초등학교 졸업하고 다시 미국으로 와 시애틀에서 엄마랑 동생이랑 살다가 중학교 졸업하고, 사립고등학교를 다녔어요. 한국에서 난 초등학교 때도 잘 지내지 못했어요. 한국말을 못한 게 아닌데도 아이들이 나를 싫어했거든요. 항상 부잣집 애라고 오해받았고……. 더구나 거기가 서울이 아니라 안산이었거든요. 내가 영어를 한다는 건 아주 별난 일이었어요. 나는 감추려 해도 선생님이 매일 "나와서 영어 좀 해 봐!" 그러니까. 어유, 재수 없다고 애들이 많이 미워했어요. 한국이랑 안 맞았어요.

초등학교 때 한국이랑 안 맞는다고 느꼈다는 건 비약 아닌가?

아뇨, 난 초등학교 때 느꼈어요. 부모님은 바쁘시니 남동생이랑 사촌동생이랑 지냈는데 "쟤는 왜 항상 남자 애랑 놀아?" 이런 소리 많이 들었어요. 인형 갖고 노는 거 질색이었고, 레슬링이나 축구, 육상 같은 운동 좋아했거든요. 지금도 쇼핑에는 흥미 없어요. 한국 여자와 친구하는 거 지금도 힘들어요. 난 아침에 일어나서 5분 만에 일하러 굴러 나가거든요.

왜 하필 아프리카에서 일하고 싶어?

아프리카 여자들, 특히 아프리카북부의 이슬람 국가에서는 여자의 권리라는 게 없으니까 여자들이 굉장히 억눌려 살거든요. 그래서 아프리카에 가 여자들을 돕고 싶다는 생각을 하게 됐어요. 옛날부터 엄마와 이모랑 가까이 지내면서 가족 문제와 여자들의 어려움에 대해 많이 고민하기도 했는데 의과에서 글쓰기로 전공을 바꾸면서 공부를 해 보니까 세계의 모든 여자들이 겪는 문제라는 걸 알았어요.

세네갈과 에콰도르에서 일을 했다고 했는데 어떻게 지낸 거지?

국제 정치 과목에서 학점을 받으려고 세네갈에서 4개월, 에콰도르에서 3개월 동안 여성 관련 일을 했어요. 세네갈에서는 이슬람 문화도 공부하고, 모로코 북쪽 사막으로 여행도 자주 갔어요. 에콰도르에서는 시골에 가 여자들 인터뷰하고, 성폭행 당한 어린아이들 보살피는 일을 했어요. 에콰도르 사람들은 스킨십도 많이 하고, 사랑한다는 말도 많이 해서 너무 사랑스러웠어요. 미국 남자들과 달리 아프리카나 남미, 아랍 남자들은 남자들끼리도 손잡고 잘 다니더라고요. 대학 졸업하고 다시 세네갈에 갔는데 가족 같은 사람들과 한 달 동안 함께 지내면서 운동하고, 요리하고, 빨래하고 평화롭게 지냈어요.

의과를 그만뒀다고 했는데?

처음에는 산부인과 의사가 되려고 했는데 의사도 좋은 일을 많이 하지만 근본적인 변화를 주지 못한다는 생각을 했어요. 아프면 치료는 해 줄 수 있지만 정치적으로, 법적으로 변화가 필요할 때 무기력하잖아요. 더구나 의사가 되려고 10년 정도 공부하고 나면 내가 하고 싶은 일은 언제 해요?

난 일찍 깨달았어요.
부모님 돈을 안 받으면 내 맘대로 할 수 있다.
언제든지 무슨 일이 생기면
내 돈으로 나갈 수 있겠구나.

뉴욕,
뉴요커

의사가 되면 아프리카 조산원보다 편하게 살 거 아냐?

편하게 살고 싶어 의사가 되야지 생각한 적은 없어요. 어렸을 때는 멋있겠다 싶어서, 좀 큰 다음에는 여자들을 돕는 일과 연관이 있어서 의사가 되고 싶었지, 안정적 삶을 위해서 의사가 되겠다고 생각한 적은 없어요.

대출받은 등록금 빨리 갚고 싶지 않아?

천천히 갚아야죠, 뭐. 지금부터 갚으면 10년간 갚아야 해요. 그래도 살 만해요. 다른 사람보다 잘 살아요. 맨해튼에 사는 사람과 비교하면 안 되지만 세 끼 먹고, 운동하고, 동생 밥 사 주고 그러면 됐죠.

월급이 얼마나 되지?

한 달에 2,000달러. 비영리 기관치고 그 정도면 괜찮은 거예요.

열네 살 때부터 일했다

부모님한테 중학교 이후 돈을 받지 않았다고 했는데…?

고등학교 기숙사에 있을 때는 밥이 다 나오잖아요.

사립이라면 비쌀 거 아냐?

그렇죠. 고등학교에도 아이비리그가 있어요. 대통령이 많이 다닌 학교들인데, 고등학교 학비가 1년에 4만 달러 정도로 사립대 학비와 같아요.

그럼 4,000만 원이 넘는 돈인데?

난 장학금을 받았으니까 돈 안 내고 다녔죠.

생활비는?

할렘에 갔을 때 지하철역에서 나오니까
141번가 근처였는데 햇볕 따뜻하고,
사람들이 거리에 나와서 얘기하고 있고,
체스 두고, 음악 소리 들리고……. 그런 게 참 좋았어요.

여름에 일해서 벌었어요.

고등학생이? 미국 고등학생들은 원래 그래?

다 다르죠. 난 열네 살 때부터 돈을 모았어요. 방학 때 매일 샌드위치 가게에서 일했어요. 결혼식 가서 플루트 연주해 주고 50달러나 100달러씩 받기도 하고. 그 나이에 그 정도면 큰돈이죠. 여러 가지 일 많이 했어요. 피자 집, 초밥 집, 불고기 집……

열네 살에 일하는 아이들이 많아?

집이 어려운 아이들은 일하죠. 풀타임으로 일하는 아이들도 많았어요. 레스토랑에서 일하면 많은 사람을 만나게 돼요. 학교 안 다니고 레스토랑에서 풀타임으로 일하는 애들은 집을 나왔거나 집에서 쫓겨났거나 다 사연이 있더라고요. 난 고등학교 때까지 파트타임으로 일했어요. 부잣집 애들은 안 하죠. 일을 해도 치과 같은 곳에서 쉬운 일을 하죠. 난 일찍 깨달았어요. 부모님 돈을 안 받으면 내 맘대로 할 수 있다. 언제든지 무슨 일이 생기면 내 돈으로 나갈 수 있겠구나. 기숙사도 부모님과 따로 지내고 싶어서 간 거예요. 문제아였어요.

문제아가 명문 사립고교에 장학생으로 들어갔어?

공부는 했어요. 특이하죠?

그럼 뭐가 문제아라는 거지?

마약 하는 아이들에 비하면 아무것도 아니겠지만 담배 피우고 술을 많이 마셨죠. 사립고등학교 학부모들은 아이들 교육에 다 미쳤어요. 한국 부모들보다 더해요. 대학 지원할 때 힘들었던 게 난 무조건 장학금 주는 학교를 가야 하니까 학교를 맘대로 못 고르는데, 친구들은 다 자기가 가고 싶은 데 골라서 가는 거였어요. 의사가 되고 싶은 애들은 존 홉킨스 대학에 가고, 공대에 가고 싶은 애들은 카네기 멜런 대학에 가고……. 어렸을 때부터 테니스 배우고, 악기 배우고, SAT미국의 대학 수학 능력 시험 공부를 초등학교 때 시작하고…. 부모님이 다 동부에 사니까 주말마다 찾아오고, 한 가지 한 가지 다 봐 주고, 부모님이 다 좋은 대학교 나와 배경도 좋고……. 친구들은 좋은 대학 가는 게 너무 쉬워 보였어요.

한동안 우울증이 심했어요. 코네티컷이라는 조그만 마을에 고등학교가 있었는데, 항상 도시에 살다가 벌판에 있는 기숙사 학교 다니려니 너무 답답했어요. 뭘 좀 사러 가려고 해도 허락받아야 하고, 밤 열시 반이면 문 잠그고, 불 끄고, 인터넷과 전화 다 끊고 자라고 하니 완전히 감옥살이였어요. 게다가 대학 때문에 스트레스 받고, 돈 때문에 스트레스 받고……. 그러다 12학년 마지막 해에 대학 지원해 놓고 폭발해 버렸어요. 결국 졸업장 못 받고 쫓겨났죠. 다행히 그 전에 학비가 싸다고 시애틀의 주립대에 지원해 놓은 게 하나 있었는데, 졸업장이 없어도 된대요. 그래서 시애틀로 갔어요. 학사 학위는 두 개나 있는데 고등학교 졸업장이 없으니 특이하죠? 그 후에는 다 잘됐어요.

삶을 즐기는 할렘 사람들

뉴욕과 비교하면 시애틀은 어때?

시애틀에도 아시안은 많은데 완전히 분리되어 살아요. 정치적으로 리버럴하다고 하는데, 제가 느끼기에는 그렇지 않더라고요. 돈이 많은 도

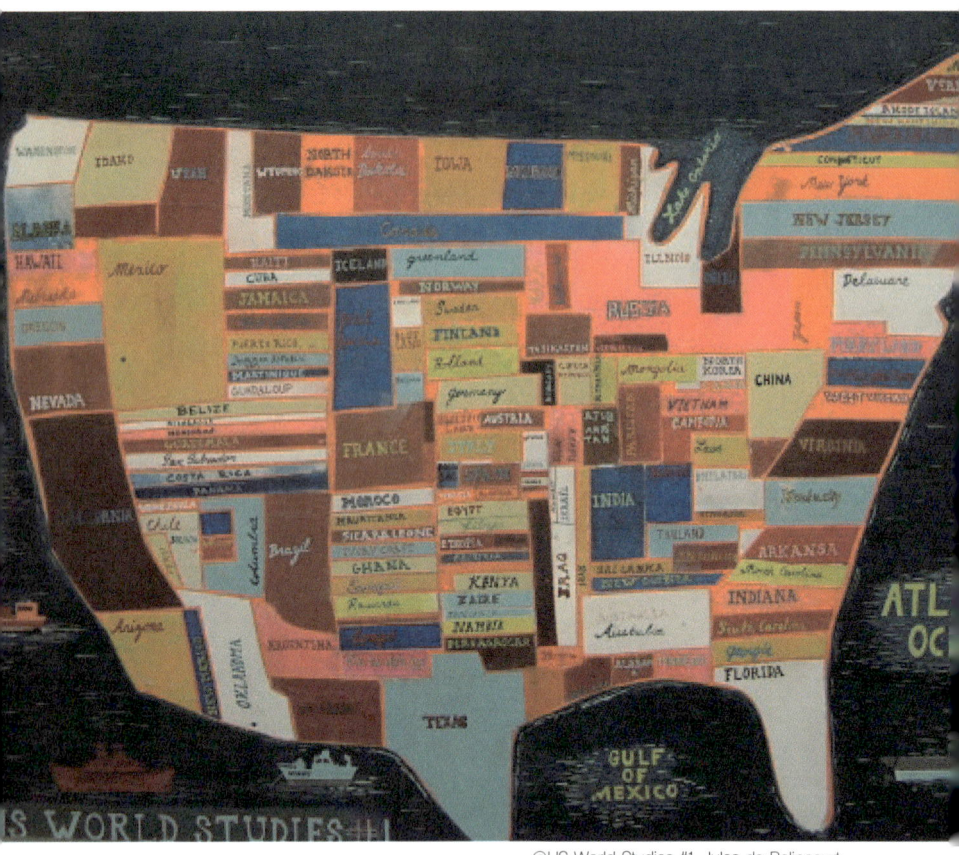

©US World Studies #1, Jules de Balincourt

뉴욕은 여기서 일하고 싶은
욕구와 동기를 만들어 줘요.
뉴요커들은 모두
뉴욕에 사는 것을 자랑스러워해요.

시고 멋있어 보이지만, 데일리 라이프는 느리죠. 사람들이 느긋하고 자연을 더 많이 즐겨요.

뉴욕과 시애틀 물가를 비교하면 어때?

시애틀에서 살 때는 지금 내가 사는 할렘 방보다 네 배 정도 크고 부엌과 화장실이 있는 스튜디오에서 살면서 475달러 냈거든요. 지금은 방 하나에 화장실만 있는데 700달러 내요. 식비는 비슷한데 집값은 차이가 많이 나요.

시애틀에서 왜 뉴욕으로 왔어?

미국에서 내가 살 수 있는 곳은 뉴욕과 시애틀 정도밖에 없는 것 같아요. 마음 같아서는 남미나 아프리카로 가고 싶은데, 무조건 여행만 다닐 수 있는 형편도 안 되니까 당분간은 일해서 학비 좀 갚으려고요. 부모님, 동생도 신경 써야 하고……. 뉴욕에는 내가 일하고 싶은 비영리 기관이 많이 있어요. 나이트 라이프도 활발해요. 시애틀은 새벽 1시까지밖에 술을 안 팔거든요. 맨해튼 빌딩 숲 사이를 다니면 숨이 막히기도 하지만 아프리카가 그리우면 할렘에 있는 세네갈 레스토랑에 가요. 때론 시애틀이 그립기도 해요. 뉴욕과 시애틀은 극과 극이거든요. 뉴욕은 사람 만나고 자기 일 열심히 하기 좋은 곳이라면, 시애틀은 은퇴해서 살기 좋은 곳이에요. 자연에 둘러싸여 있는 곳이니까 호숫가에서 달리고, 하이킹하고, 스노보드 타고, 잔디에 누워 책 읽고……. 뉴욕과는 비교가 안 되죠. 하지만 뉴욕은 여기서 일하고 싶은 욕구와 동기를 만들어 줘요. 뉴욕 사람들은 모두 뉴욕에 사는 것을 자랑스러워해요. 그냥 흘러온 사람들이 아니라 목적을 가지고 뉴욕에 와서 살아가는 사람들이 뉴욕의 에너지를 만드는데 그 에너지가 좋아요.

산아도 목적을 가지고 뉴욕에 왔어?

미국에서 일단 살아야 했고, 여기서 하고 싶은 일이 있거든요. 꼭 비영리 기관 일이 아니더라도 내가 나중에 어떤 조직을 만든다면 스폰서나 변호사부터 네트워킹할 사람들이 많은 것 같아요.

뉴욕 사람들의 멋진 점은?

자기가 할 일 딱 하는 것! 그건 정말 세계 최고인 것 같아요. 그러다가도 일 마치면 즐길 줄 알아요. 자기가 하는 일을 정말 하고 싶어서 하는 거지 어쩌다 보니 하는 게 아니라는 걸 알 수 있어요.

뉴욕에서 계속 살고 싶어?

대학원 공부 끝나면 떠나야죠. 미국에서는 안 살 것 같아요. 여기서는 많이 살았으니까 일은 유럽에서 하고 싶어요.

미국에서 태어난 시민권자인데 미국이 자기 나라라는 생각이 들지 않나?

미국이 내 나라라는 생각은 안 들어요. 보통 '향수병homesick' 얘기하잖아요. 난 집이 없는데 어디를 그리워해야 하지? 하는 생각을 해요. 가는 곳마다 내 집으로 생각하려고 해요. 그렇지 않으면 외로울 것 같아서.

한국에 대해서는 어떻게 느껴?

내가 보수적인 집안에서 자랐는데, 장손만 떠받들고 여자는 사람도 아니었어요. 여자는 다리 벌리고 앉으면 안 되고 그런 거 굉장히 싫어했는데 나이가 드니까 왠지 한국에 점점 끌리더라고요.

할렘에 살기 전에는 어디 살았어?

잭슨 하이츠의 루스벨트 애버뉴. 거기 주말에 가면 남미에 간 것 같아

뉴욕,
뉴요커

주말에
잭슨 하이츠의
루스벨트 애버뉴에 가면
남미에 간 것 같아요.

요.
위험하다고 하는 사람도 있던데?

글쎄요. 여행을 하면서 참 많이 느낀 건데, 어리석다고 할지 모르겠지만 그냥 상황에 따라 직감으로, 순간순간 느끼는 대로 믿고 살아요.
잭슨 하이츠는 어떤 점에서 남미 같아?

음악 크게 틀어놓고, 걸어가며 노래하고 춤추고, 아이들 많이 돌아다니고, 싸고 지저분한 음식 많이 팔고, 영어는 거의 안 들리고, 영어로 말하면 못 알아듣고, 사람 많이 돌아다니고……. 조그만 멕시코 같아요.
그런 게 좋아?

여행하다가 느낀 건데 깨끗하고 돈이 많으면 뭐 하고, 엘리베이터 있으면 뭐 해요? 휴대폰 같은 거 다 필요 없어요. 행복은 그런 데서 오는 것 같지 않아요. 깨끗한 것 찾으면 끝이 없어요. 휴대폰 한번 잃어버리면 생활도 못하잖아요. 그런 거에 의지하고 사는 게 싫어요.
지금 할렘에 사는 데 불편한 건 없어?

없어요. 일하고 와서 룸메이트랑 같이 요리해서 먹고 좋아요. 방을 구할 때 두 곳을 봤어요. 하나는 미드타운에서, 다른 하나는 할렘에서 봤는데 할렘에 갔을 때 지하철역에서 나오니까 141번가 근처였는데 햇볕 따뜻하고, 사람들이 거리에 나와서 얘기하고 있고, 체스 두고, 음악 소리 들리고……. 그런 게 참 좋았어요.
잭슨 하이츠나 할렘처럼 사람들이 흔히 못산다고 하는 동네만 좋아하네.

거기 사는 사람들이 훨씬 더 행복한 것 같아요. 삶을 더 즐길 줄 안다고 할까? 미드타운 사람들처럼 이 사람은 나한테 도움 될 것 같으니까 사귀고, 저 사람은 아무 도움도 되지 않을 테니 사귀지 않고 그런 게 없어요. 거리에서 아이를 많이 볼 수 있는 것도 좋아요.

반대로 미드타운은 어때?

사람들이 서로 인사도 안 하죠. 미드타운에서는 친구가 있어도 외로울 것 같아요.

한국 사람은 할렘이 위험하다고 생각하잖아.

미국 사람도 위험하다고 생각해요. 나는 전혀 위험하다고 느끼지 않는데……. 매일 동네 가게에서 일하는 할아버지부터 만나는 사람들한테 다 인사하니까 무슨 일 생기면 그분들이 도와줄 것 같아요.

지금 동네 사람들을 다 알아?

그럼요. 다 알고 지내죠.

난 미드타운에 산 지 한 달 지났어도 아무도 모르는데…….

미드타운은 그렇죠. 룸메이트와 같이 살아도 하이! 인사만 하고 자기 방에 가 문 닫고 있죠. 우리 집에서는 내가 나갔다 들어오면 룸메이트가 내 방에 누워 있기도 하고, 침대에 같이 누워 TV도 봐요.

집에 돌아오니 룸메이트가 내 방에 누워 있다고? 미국적이지 않은 거잖아?

미국적이지 않아 할렘이 좋은 거죠. 나도 그 애들을 믿고, 그 애들도 나를 믿고 가족같이 지내요.

물건이라도 없어지면?

어차피 물건이잖아요. 며칠 속이야 상하겠지만 물건인데 같이 쓰면 어떻고, 없어지면 어때요.

할렘이 좋은 이유가 또 있어?

분위기죠. 맨해튼과는 다른 에너지죠. 맨해튼이 바쁘고 여기에 살고 싶게 하는 에너지라면, 할렘은 사람들이 릴렉스하고 삶을 즐기게 하는 편안한 에너지죠.

그럼 할렘과 잭슨 하이츠를 비교해 보면?

비슷하지만 잭슨 하이츠는 중남미 사람이 많고, 흑인이 거의 없으니까 문화가 다르죠.

주말에 잭슨 하이츠 어디를 가 보면 좋을까?

7호선 브로드웨이 역에 내리면 74번가에 인디언타운이 있고, 루스벨트 애버뉴 74번가부터 100번가까지는 중남미 사람들이 사는데 어디 가든 좋아요. 장 보러 가는 것도 재밌고, 갖가지 중남미 음식 사 먹는 것도 재밌어요. 맨해튼에서는 식료품 가게에 가 보면 다들 뭐가 그리 급한지 신경이 곤두서 있는 것 같은데, 잭슨 하이츠에 사는 사람들 보면 급한 게 없어요. 살사 음악 크게 틀어놓은 데도 많고, 여기저기서 아이들은 뛰어다니고, 정신은 없지만 그래도 좋아요.

로어 이스트사이드나 이스트빌리지 같은 곳은 어때?

별로 안 좋아해요. 고등학교 친구들은 열심히 일해서 돈 많이 벌고, 쇼핑도 잘하고, 비싼 바나 클럽에 가서 놀기도 잘 놀아요. 로어 이스트사이드 지역이 특히 금융권에서 일하는 사람이나 변호사 같은 전문직을 가진 젊은 사람들이 좋아하는 지역인데 난 숨이 막혀요. 거기 가면 항상 "그 가방 너무 예뻐! 어디서 샀어?" 뭐 이런 쇼핑 얘기뿐이에요. 사람이 많아 30분 기다려 겨우 들어가고, 뭐 하나 주문하면 나오는 데 30분 걸려요.

난 할렘의 재즈 바나 브루클린의 조용한 와인 바가 좋아요.

처음 미국에 오게 된 게 아빠 때문이었는데, 만약 그때로 돌아가 산아가 선택한다면?

내가 선택하더라도 미국에 올 거예요. 미국은 안 좋아해도 미국 교육은 좋아요. 한국 아이들 가르쳐 봤는데, 아이들한테 글 쓰라고 하면 너무 황당해 해요. 어떤 주제를 주고 써 오라고 하면 자기주장 못하는 초등학생 일기장 같은 글 써오거든요.

미국 아이들은 어때?

자기주장이 확실하죠. 교육이 그런 능력을 키워 주니까요.

산아한테 아이가 생기면 산아처럼 조기 유학 보내고 싶어?

그 생각 많이 해 봤는데, 어렸을 때부터 조금씩 다른 세상을 보여 주면서 공부도 여러 나라에서 시키고 싶어요. 중학교 때 대뜸 미국에 보내는 건 별로인 것 같아요.

한국에 돌아가고 싶지는 않아?

지금 내가 하고 싶은 일이 국제적인 일인데, 뉴욕이 그런 일의 중심지니까 당분간은 여기서 지내며 자극받고 싶어요. 다른 곳에 있는 것보다 언어에서부터 연습을 많이 할 수 있잖아요. 집에서는 스페인 어로, 친구들 만나서는 프랑스 어로 이야기하는 게 좋아요.

미국적이지 않아
할렘이 좋은 거죠.

산아를 생각하면 큰 소리로 참 잘 웃던 모습이 기억난다. 킥복싱을 배운다거나 출근해야 할 때 "안경을 찾지 못해 헤매다 막 굴러 나간다."는 말도 떠오른다. 자기가 한국에 살면 '더티 걸'이 될 거란 말도 덧붙였다. 뉴욕 여자들이 습관처럼 가는 네일 숍 같은 곳에는 한 번도 가보지 않았다. 그 대신 산아는 수단이나 소말리아에 가고 싶다. 그곳에 할 일이 있다고 생각하기 때문이다. 하고 싶은 일을 하면서 남을 도우며 사는 것, 이게 산아의 꿈이다. 그러기에 시간이 없다. 하고 싶은 일만 해도 평생이 걸릴지 모르고 공부도 더 해야 한다.

추위를 싫어하는 산아가 뉴욕에서는 추운 밤에 로어 맨해튼 위에 뜬 보름달을 바라보며 브루클린 브리지를 건너는 게 좋다고 한다. 그 풍경이 참 아름답다고…….

마흔에 후회하지 않기 위해

메리 홀먼

보스턴 출신의 메리는 10년 전 뉴욕에 왔다. 대학에서는 정치학을 공부했고, 졸업 후에는 런던에서 1년간 공부하며 홈리스 센터에서 일했다. 뉴욕에 돌아와서는 한동안 에이즈 환자를 돕는 단체에서 일했고, 현재는 외국인을 돕는 인터내셔널 센터에서 일한다. 히터도 없는 이스트빌리지의 오래된 아파트에서 혼자 산다. 남을 돕는 일은 좋은데 급여 때문에 고민이다. 뉴욕에만 가면 멋진 남자를 만날 줄 알았는데 서른일곱이 되도록 싱글이다.

뉴요커이고 싶었다

왜 보스턴을 떠나 뉴욕으로 온 거지?

보스턴은 아주 따분해. 사람들이 뭔가에 억눌려 있다고 할까? 보스턴 근교에서 자랐는데 어느 정도로 보스턴을 지겨워했냐면, 항상 이렇게 말하곤 했어. "사람들을 전부 창밖으로 밀어 놓고 뒤에서 팔꿈치를 잡고 흔들고 싶어!" 그렇게라도 하면 도시가 좀 더 살아 있는 것처럼 보이지 않을까 했거든. 내가 아홉 살 때쯤인가에 부모님과 함께 처음 뉴욕에 왔어. 우리 부모님은 도시 사람이 아니야. 아빠는 뉴욕에 왔다고 잔뜩 긴장했는데, 난 아주 편안했어. 지하철을 타고 가다가 나는 꾸벅꾸벅 자는 척을 했어. 지하철 안의 많은 사람이 졸고 있었거든. 겨우 아홉 살이었지만 난 뉴욕 사람처럼 보이고 싶었던 거지.

당신은 왜 그렇게 뉴욕 사람이고 싶었을까? 뉴욕은 당신에게 어떤 도시이지?

미국에서 유일하게 내가 살고 싶은 도시. 뉴욕은 미국에서 매우 예외적인 도시야. 사람들이 흔히 말하는 것처럼 단지 여러 인종이 모여 사는 국제도시이기 때문만은 아니야. 뉴욕은 다 함께 살아야 한다는 점을 강

제하는 도시야. 뉴욕에서는 공존이 중요해. 물론 뉴욕에도 인종 차별은 있겠지만 미국의 다른 도시들과는 비교할 수 없어.

왜 미국의 다른 도시에서는 살 수 없지?

정치적인 이유야. 미국의 어느 곳도 뉴욕처럼 진보적인 의식을 갖고 있는 곳은 없어. 언젠가 대통령 선거 때 투표를 하려고 줄 서 있는데 내 앞에 나이 든 부부가 서 있었거든. 할아버지는 타이를 매고 정장을 차려 입고, 할머니는 드레스에 스타킹을 신었어. 아주 보수적으로 보이는 부자동네 사람들이란 말이지. 그런데 할아버지가 줄 서 있는 사람들을 돌아보더니 "여기서 부시는 어림도 없겠군!" 하고 말하는 거야. 뉴요커는 당연히 부시에게 반대한다고 생각하는 거지. 중부의 작은 도시에 산다면 이런 일은 있을 수 없거든.

반대로 뉴욕에서 불편한 점은?

난 자연을 좋아하는데, 자연에서 멀리 떨어진 곳에 사니 그게 좀 힘들어. 상쾌한 공기가 그립지. 뉴욕은 매연도 심하고 얼마나 더럽냔 말이야. 모든 게 비싸고.

한 달 생활비가 얼마나 들어?

내 월급이지, 뭐. 형편대로 살고 있어. 내가 일주일에 600달러씩 받으니까 한 달이면 2,400달러잖아. 저축은 못해. 내가 지금 사는 곳은 다행히 렌트비를 법률로 규제하는 빌딩이야. 그렇지 않았으면 진작 쫓겨났을 거야. 렌트비는 800달러로 비싸지 않지만 우리 아파트는 뉴욕에서 가장 추운 빌딩 중 하나야. 집에 히터가 없어 난방을 전기로 하는데 히터를 좀 썼다 싶으면 전기세가 200달러까지 나오는 거야. 아주 미치지!

미국의 어느 곳도 뉴욕처럼
진보적인 의식을
갖고 있는 곳은 없어.
뉴요커는 당연히 부시에게
반대한다고 생각하는 거지.

지금 하는 일은?

외국인을 돕는 인터내셔널 센터 The International Center in New York 에서 일해. 센터에는 대략 85개국에서 온 2,000여 명의 외국인이 등록되어 있어. 그들에게 영어 교육을 하고, 문화 이벤트를 진행하기도 해. 영어를 가르치는 일보다는 문화적인 교류, 인종 차별주의 같은 문제에 관심이 있어.

일은 만족스러워?

사람들을 돕는 일을 하고 싶었기 때문에 지금 하는 일이 좋아. 사람들은 일을 통해 자신이 원하는 것을 이룬다고 생각하기보다 일로써 자기 자신을 평가하곤 해. 난 이런 사고방식이 편협한 거라고 생각해. 일로써 자신을 평가하는 것은 정말 자기가 좋아서 열정을 가지고 하는 일이 아니라면 자신을 초라하게 만들잖아.

사는 곳은 어디야?

이스트빌리지. 도미니카나 푸에르토리코에서 온 사람들이 많이 살아. 1970~80년대부터 가난한 아티스트들이 모여 살기 시작하면서 독특한 분위기를 갖게 된 동네인데, 1990년대에 와서는 아티스트뿐만 아니라 다양한 직업을 가진 젊은 사람들이 살기 시작했어. 돈을 많이 벌고 적게 버는 차이는 있지만 모두 자기 하고 싶은 대로 하고 사는 사람들이 모인 동네야.

꿈꾸는 사람들의 도시

이제까지 결혼을 안 한 이유가 있어?

마음에 드는 사람을 만나지 못했어. 이 나이까지 내가 싱글일 거라고 생각한 적은 없었어. 뉴욕에 오기 전엔 뉴욕에 가기만 하면 근사한 남자를 당장 만날 수 있지 않을까 기대했지. 뉴욕에 와 보니 정말 근사한 남자들이 많은 거야. 하지만 내가 몰랐던 사실을 한 가지 알게 됐어. 뉴욕에는 멋진 싱글 남자보다 멋진 싱글 여자들이 훨씬 많아! 원천적으로 공급 부족인 거지. 슬픈 얘기야. (웃음)

한편 뉴요커들은 전통적인 의미의 결혼을 하고 가정을 꾸려야 한다는 강박이 없어. 가끔 부모님 집에 가면 동네 사람들은, "아니 저 나이에 여태 결혼도 안 하고 뭐 하나?" 하고 수군거려. 그 동네에 결혼 안 한 30대는 거의 없으니까 사람들은 내가 안됐다는 듯 쳐다봐. 당장 누구를 소개해 주지도 않으면서 말이야! (웃음)

또 다른 점에서 뉴요커는 어떤 사람들이라고 말할 수 있을까?

뉴요커는 기본적으로 사람들을 도와주려고 해. 누군가 거리 코너에서 지도를 보고 있으면 나는 그 사람에게 다가가서 어디를 찾아? 도와줄까? 하고 물어봐. 내 친구는 난생처음 뉴욕에 와서 두 가지 이유로 깜짝 놀랐대. 하나는 거리가 너무 지저분해서, 다른 하나는 뉴요커가 너무 친절해서 놀랐다고 해. 당신 경험으론 어땠어?

반은 친절하고 반은 불친절한 것 같아.

그래? 뉴욕은 모든 사람들을 받아들이니까. 어떤 사람은 매우 친절하고 어떤 사람은 매우 불친절한 거야. 뉴욕이 친절한 이민자만 받아들이면 완벽하게 친절한 도시가 될 텐데 뉴욕은 포용력이 너무 지나친 거지. (웃음)

당신이 뉴요커로 보이고 싶었던 것처럼 사람들이 뉴욕을 동경하고 이곳으로 몰려드는 이유가 뭘까?

뉴욕,
뉴요커

난 스물일곱에 뉴욕으로 왔는데, 그 이유는 후회하지 않기 위해서야. 가족을 떠나 낯선 대도시에서 혼자 산다고 생각하면 두렵기도 했어. 하지만 만약 뉴욕에서 살지 않으면 마흔 살쯤 되었을 때 내게 실망할 거라는 걸 알고 있었어. 집을 떠나기로 결심한 것은 단순히 뉴욕이란 도시에 대해 호기심뿐만이 아니라 새로운 삶에 대한 도전 같은 거였어. 도전을 하고, 시련을 겪고, 목표를 이루고……. 이게 뉴요커의 삶이야. 뉴욕에는 미국의 어느 도시보다도 더 많은, 더 다양한 형태의 삶이 있어.

무엇이 뉴욕의 다양한 삶을 만드는 거지?

여기 인터내셔널 센터에서 당신도 느낄 수 있잖아? 세상에 이렇게 다양한 피부색과 외모를 가진 사람들이 있다는 것을……. 아시안과 흑인과 백인이 함께 앉아 있는 것만으로 뭔가가 느껴지지 않아? 뉴욕을 제외한 미국의 어떤 도시에서도 이런 경험은 쉽게 할 수 없어. 각자가 쓰는 언어만큼 제각각의 영어 악센트로 말하는 걸 듣는 것마저도 경이롭지. 여기서 일하는 사람들 모두가 한결같이 하는 말이 어떤 에너지를 느낀다는 거야. 그 에너지는 자기들이 좋아하는 뭔가를 하고 있는 사람들 사이를 지나갈 때 느껴지는 기운 같은 거겠지. 얼마 전에 센트럴 파크에서 스윙 댄싱을 신나게 추고 있는 사람들 사이를 지나간 적이 있어. 그게 어떤 기분인지 짐작할 수 있겠지? 나까지도 신이 나고 흥겨워져. 그럴 때 뭔가 살아 있는 게 느껴지잖아. 그것과 비슷한 기분이야.

그럼 뉴욕은 도시 전체가 스윙 댄싱을 추고 있는 거네. (웃음)

사람은 많고 공간은 좁은데 문화는 많은 곳이 뉴욕이야. 뉴욕으로 오는 사람들은 모두가 꿈을 갖고 있어. 꿈꾸는 사람들로 가득 찬 도시는 무

모두가 한결같이 하는 말이
어떤 에너지를 느낀다는 거야.
그 에너지는 자기들이 좋아하는
뭔가를 하고 있는 사람들 사이를 지나갈 때
느껴지는 기운 같은 거겠지.

뉴욕,
뉴요커

사안일과 나태함에 빠져 있는 도시와는 뭔가 다르지 않겠어? 이런 게 도시를 살아 있게 만들어. 뉴욕처럼 이민자가 많다고 해도 LA는 매우 느려. 생활의 속도가 다르고, 국적이 뉴욕만큼 다채롭지도 않아. LA에는 아시안 아메리칸 4세나 5세와 함께 멕시코나 중남미 이민자가 많이 살지만, 뉴욕에는 전 세계의 이민자가 살고 있거든.

뉴욕에서 특히 살아 보고 싶은 곳이 있다면?

소호 아래 트라이베카 지역의 로프트에서 살아 보고 싶어. 아니면 웨스트빌리지에서 정원이 있는 아름다운 브라운스톤 하우스에 살아도 좋겠지. 두 곳이 완전히 다르기는 한데, 전통적인 분위기도 좋고, 모던한 인더스트리얼 지역도 좋아.

웨스트빌리지에서 살고 싶다는 건 이해할 수 있는데 트라이베카 지역은 어떤 점이 좋아?

로프트이기 때문에 공간이 아주 오픈되어 있어. 천장부터 바닥까지 연결된 큰 창문으로 바깥 전경이 다 보일 거 아냐. 트라이베카 지역에는 높은 빌딩이 별로 없어서 전망이 좋아.

뉴욕에서 특히 잘 가는 곳이 있어?

하나는 하우징 웍스 북스토어 카페 Housing Works Bookstore Cafe. 도서관 같은 헌책방이야. 자원 봉사자가 운영하는데, 음식도 팔고 문화 행사도 있어. 또 하나는 좀 상투적이긴 한데 브루클린 브리지 위를 걷는 걸 좋아해. 센트럴 파크에서 사람들이 잘 가지 않는 곳을 산책하는 것도 좋아.

친구가 뉴욕으로 여행을 왔어. 친구와 무엇을 하고 싶어?

스태튼 아일랜드 페리를 탈 거야. 무료야. 자유의 여신상을 지나가고,

뉴욕으로 오는 사람들은 모두가 꿈을 갖고 있어.
꿈꾸는 사람들로 가득 찬 도시는 무사안일과
나태함에 빠져 있는 도시와는 뭔가 다르지 않겠어?

로어 맨해튼 전경도 볼 수 있어. 그다음에는 센트럴 파크에 데려가고, 차이나타운에서 식사도 하고, 브루클린 뮤지엄을 보고, 그 옆의 프로스펙트 파크Prospect Park도 산책하고, 여러 가지 문화 행사도 보고, 작은 레스토랑에 데려가고 싶어.

뉴욕에서 잘 지내기 위해 필요한 점은 뭘까?

아마 대부분의 사람들이 그럴 텐데 부자가 아닌 이상 아주 작은 공간에서 살게 될 거라는 현실을 받아들여야 해. 또 영어를 잘하지 않고는 자신이 원하는 것을 가질 수 없다는 것도 알아야겠지. 친구들을 보면 뉴욕에서 일자리 구하는 게 얼마나 힘든 것인지 알 수 있어. 나도 지금 하는 일을 구하기까지 6개월이 걸렸어. 지금 나와 일할 조수를 구하는데 내가 받은 자기소개서만 165통이야.

뉴요커는 서로가 서로를 침범하지 않기를 원해. 이 점은 뉴욕에서 매우 중요해. 이를테면 여성이 자기 바운더리를 만들 권리가 있다는 걸 이해해야 해. 뉴욕에는 아시아권 사람도 많이 사는데 일부는 다른 사람에 대한 배려가 부족한 것 같아.

(고작 두 달 만에 돌아온 서울에서 난 거리를 지날 때, 지하철이나 버스를 타고 내릴 때 아무렇지도 않게 툭툭 치고 지나가는 사람들을 볼 때마다 신경이 곤두서곤 했다. 이를테면 내가 앉은 지하철 옆 자리에 조금 자리가 났다고 해서 무지막지하게 엉덩이를 들이대며 앉는 것은 뉴욕에서 상상할 수 없는 일이다.)

당신은 외국인이나 이민자를 돕는 일을 하지만, 반대로 왜 우리가 외국인을 도와야 하냐고 말하는 사람들도 있지 않아?

다 허튼소리야. 다행히 뉴요커들은 이민자들로 인해 자기들이 무엇인가를 잃는다고는 생각하지 않아. 하지만 많은 미국 사람들은 자기들도 이민자의 자식이란 걸 잊고 살아. 이 나라는 전적으로 이민자에 의해 만들어진 나라야. 우리 모두는 이민자들이라고.

하지만 중부에 사는 보수적인 사람들은 그렇게 생각하지 않을 것 같은데…….

그들의 부모, 그들의 할아버지, 할머니가 이민자라는 걸 까맣게 잊고 사는 거지. 이 나라는 건국된 지 얼마 되지도 않았는데 많은 미국인들은 이 사실을 망각하고 있어.

조금 다른 이야기인데 9·11이 뉴욕에 미친 영향에 대해서는 어떻게 생각해?

9·11 이후 뉴욕이 좀 더 유토피아에 가까워졌다는 말들을 하곤 해. 사람들은 테러로 인한 공포 때문에 많은 사람이 뉴욕을 떠날 것이라고 예상했어. 모두가 뉴욕을 버리고 도망갈 거라고 생각한 거지. 그런데 9·11 이후 오히려 뉴욕 인구가 증가한 거야. 참 이상한 일이지. 친한 친구가 하나 있어. 워싱턴 출신인데 뉴욕에서 살다가 고향으로 돌아갔어. 그런데 9·11 이후 워싱턴에서 다시 뉴욕으로 돌아왔어. 뉴욕은 그녀에게 고향 같은 곳이었던 거야.

9·11 전에는 지하철에서 사람들이 말을 걸어오는 경우가 거의 없었어. 9·11 이후에는 사람들이 지하철에서 서로 얘기를 하고 인사를 나눠. 안녕, 잘 가, 건강하고……, 이런 식으로 말이야. 어쩌면 지난 10년 또는 20년 사이에 가장 큰 변화인지도 몰라.

메리는 백인영화감독인 우디 앨런의 뉴욕보다 흑인영화감독인 스파이크 리의 뉴욕을 좋아한다. 요즘 뉴욕에서 가장 힙한 지역이라는 미트패킹 지역 같은 곳에는 관심이 없다. 내가 미국에 입국할 때 이민국에서 있었던 일에 대해 얘기하자, 그녀는 바로 인터내셔널 센터의 변호사에게 전화를 해 의견을 구한다. 그런 모습을 지켜보고 있으니 그녀는 뉴욕에서 내가 유일하게 의지할 수 있는 사람으로 느껴지기도 한다. 뉴욕이 아닌 미국에서 나는 한국에서 일하는 동남아 노동자와 다르지 않다. 메리로 인해 난 이민국에서 겪은 나쁜 기억을 떨어 낼 수 있었다. 메리에게도 내게도 뉴욕은 미국이 아닌 뉴욕일 뿐이다. 나이, 인종, 국적과 상관없이 메리와 친구가 될 수 있어 기쁘다.

이방인으로 사는 게 좋다

김정

충남 대천에서 태어났다. 한국에서는 회화를 전공했지만 졸업 후에 무엇을 할 수 있을까 하는 생각에 유학을 결심했다. 시집갈 돈 미리 달라고 부모님을 설득해 유학 경비를 마련했다. 그래서 몇 년 후 뉴욕에서 만난 남자와 결혼할 때는 부모님의 도움을 전혀 받지 않았다고. 뉴욕에서 사진을 공부했고, 프리랜서 사진가 겸 어시스턴트로 일한다. 그녀가 처음 뉴욕에 와 창문은 깨지고, 문은 잠기지도 않고, 바닥에는 죽은 바퀴벌레가 쫙 깔려 있는 집에서 살기 시작한 게 스물두 살 때였는데, 어느 사이 10년이 훌쩍 지났다. 지금은 브루클린의 아름다운 브라운스톤 하우스에서 살고 있다.

한밤중의 사이렌 소리

어떻게 뉴욕에 올 생각을 했어요?

　회화과를 졸업하고 진로에 대해 고민하다가 교수님을 찾아가 물어봤어요. 내가 여기 졸업하고 교수님처럼 학생을 가르칠 수 있나요? 없다, 그럼 여기 졸업하면 무슨 일을 할 수 있을까요? 하니까 대답을 못하는 거예요. 그럼 교수님은 어떻게 해서 교수가 되었냐고 물었더니 자기는 유학을 갔다 왔대요. 그래서 나도 유학을 가야겠다는 생각을 한 거죠. 뉴욕과 파리 중 어디로 갈까 고민하다가 프랑스로 배낭여행을 갔는데 그곳은 나와 맞지 않는다는 생각을 했어요. 둘 중 하나를 선택하려 했는데 하나가 안 맞으니 남은 곳은 뉴욕밖에 없었죠.

유학 준비는 어렵지 않았어요?

　오히려 흥미진진했죠. 한국에서 미대 들어가는 것과 다르잖아요. 일단 가장 중요한 포트폴리오가 있어야 하고, 자기소개서 영문으로 쓰고, 추천서도 있어야 하는데, 그동안 입시 미술 교육만 받았으니까 이런 준비 과정 자체가 새로워서 재미있었죠.

뉴욕의 첫인상은 어땠죠?

더럽다, 사람이 많다, 난폭하다, 정신없다, 여러 인종이 모여 산다, 뭐 이런 거였죠. 한국에는 한국 사람밖에 없잖아요. 뉴욕은 언어도 생소한 데다가 덩치 큰 흑인들이 난폭하게 느껴졌어요. 거리에서 마주치기라도 하면 영화에서 본 흑인 갱이 지나가는 것 같은 오싹함이 드는 거예요. 적응하는 데 1년 반 정도 걸렸어요.

적응했다고 느낀 기준이 뭐예요?

영어에 대한 두려움이 없어지고, 부모님 그리워서 어쩔 줄 몰라 하는 것도 덜어지고, 혼자 지내는 것에도 익숙해진 거죠. 전에는 모든 게 불안했죠. 친구들이 그립고, 혼자 잘 때 무섭고, 밤에 자려고 하면 들리는 소리 때문에 힘들었어요.

무슨 소리?

한밤중에 울리는 앰뷸런스 사이렌 소리, 누군가 집 밖에서 지르는 괴성……. 그게 영어라 더 무섭고 외던 것 같아요. 앰뷸런스 사이렌 소리가 한국의 사이렌 소리와 비교하면 귀가 따갑도록 크거든요. 긴박한 건 알겠는데 너무 자주 들리니까 참기가 힘든 거예요. 얼마 전에 한국 가서 앰뷸런스 소리를 듣는데 정말 작더라고요.

영어 때문에 고생하지 않았나요?

누구나 다 고생하죠. 처음 영어를 하면 문법을 생각하면서 말하잖아요. 실수하지 않으려고 문법을 생각하다 보면 말이 안 나와요. 시간이 좀 흐르고 내가 외국인이란 걸 인정하자! 실수할 수 있다는 걸 인정하자! 이렇게 생각이 바뀌면서 틀린 줄 알면서도 큰 소리로 말할 수 있게 된 거죠. 두려움이나 창피함이 없어지면서 영어에 적응해 간 거예요.

전에는 모든 게
불안했죠.
친구들이 그립고,
혼자 잘 때 무섭고,
밤에 자려고 하면
들리는 소리 때문에
힘들었어요.

사진을 찍어 오는 숙제가 있었는데
자기가 좋아하는 사진가의 작품을 모방해
찍는 거였어요.
안드레 세라노의 작업을 모방해서
촬영을 했는데, 어느 날 사진 현상소에서
안드레를 우연히 만난 거예요.
인사를 하고 꼭 조수로 일하고 싶다고 부탁했죠.

그럼 익숙해지기 전에는 어떻게?

말하기 꺼리고 웃으면서 무마했죠. 뉴욕에서 영어를 쓰지 않고는 살 수 없잖아요. 차이나타운에 사는 중국 할머니, 할아버지야 영어 한마디 하지 않고 살 수 있지만 나는 그들과 다르니까 어떻게 해서든 말을 해야 했죠.

졸업하고 처음 일한 곳은 어디예요?

에이즈 관련 단체였어요. 영어를 한국어로 번역하거나 클라이언트환자와 같이 병원에 가는 일이었어요. 영어 도움이 필요한 한국 클라이언트를 돕고, 삼자 통화 같은 전화 상담할 때는 헤드 카운슬러에게 통역도 해 주고, 그 사람들 몸이 약하기 때문에 먹어야 할 음식도 챙겨 주는 일을 했어요.

사진 관련 일을 하고 싶었을 것 같은데?

사진을 전공했기 때문에 사진 관련 일을 찾아야겠다는 생각이 들었다기보다 사람을 도와주는 일이 나한테 맞는다고 생각했어요. 어쨌든 돈을 받았으니까 자원봉사라고 할 수는 없지만 봉사 관련 일을 하고 싶었던 거죠. 그 후엔 사진 일을 했는데 안드레 세라노Andres Serrano라는 사진작가의 조수를 2년 반 동안 했어요.

조수는 무슨 일을 하죠?

모든 일을 다 하죠. 촬영에 필요한 모든 일을 담당하면서 사진가가 셔터만 누를 수 있게 카메라와 조명을 세팅하는 일을 하죠. 학교 다닐 때 인물 사진을 찍어 오는 숙제가 있었는데 자기가 좋아하는 사진가의 작품을 모방해 찍는 거였어요. 안드레 세라노의 작업을 모방해서 촬영을 했는데, 어느 날 사진 현상소에서 안드레를 우연히 만난 거예요. 인사를 하고 꼭 조수로 일하고 싶다고 부탁했죠. 그리고 운 좋게 일하게 됐어요.

아시안, 한국 사람이라서 힘든 일은 없어요?

아시안이나 한국 사람이어서가 아니라 영어를 못해서죠. 내게 일을 주는 사람은 내가 미국에서 대학도 나왔으니 이 정도는 하겠지 하고 맡겼는데, 그 수준에 이르지 못하면 괴로운 거죠. 일본 사람이든, 한국 사람이든, 인도 사람이든, 아프가니스탄 사람이든 커뮤니케이션이 완벽하다면 뉴욕에서 일하는 게 어렵지 않을 거예요. 학교에서는 학생이 외국인이란 것을 선생님이 봐주며 수업을 하니까 어느 정도 따라갈 수 있지만, 현장에서는 완전히 미국식으로 미국 사람들과 함께 일해야 하니까 어려울 수밖에 없죠. 뭘 가져오라고 했는데 이게 망치를 가져오라는 건지, 니퍼를 가져오라는 건지 몰라서 고민하다가 결국 다시 한 번 물어봐야 한 적도 많았죠. 한번은 안드레가 유명한 사람한테 편지를 쓰라고 시킨 적이 있어요. 안드레는 내가 그 정도는 당연히 할 수 있겠지 하고 시킨 건데 내가 엉성한 영어로 편지를 썼고, 결국 대판 싸웠어요. 어쨌거나 안드레와 계속 일하면서 1년 후에는 좀 나아졌어요. 나도 노력하고, 안드레도 내가 외국인이란 걸 인정해 주면서, 일하다 보니 서로 손발이 맞더라고요.

지금 하는 영어는 어느 정도 같아요?

100점 만점에 60점 정도? 일상적인 문제는 다 해결할 수 있어요. 말을 논리적으로 하는 거, 신문이나 책 보는 거는 여전히 어렵죠. 〈뉴욕 타임스〉를 쓱 본다고 어떤 이야기가 쓰여 있는지 아는 건 아니니까. 계속 공부하는

뉴욕에서 인종은 그다지 중요하지 않아요.
대신 커뮤니케이션이 완벽해야 하죠.
커뮤니케이션만 완벽하다면 어느 나라 사람이든
여기서는 일하는 게 어렵지 않아요.

수밖에 없어요.

뉴욕에서 사진가로 사는 건 어때요?

사진가가 너무 많아요. 그래도 뉴욕에는 다른 곳보다 일이 많다고 하지만 직업으로 사진만 해서 먹고사는 건 힘든 것 같아요. 사진뿐만 아니라 그래픽 디자인이건 일러스트건 프리랜서는 다 비슷해요. 사진으로 생활을 해결할 수 있는 사람은 100명 중 30명 정도 될까?

조수 외 또 무슨 일을 했어요?

학교 멀티미디어 센터에서 장비 대여해 주고, 암실 관리도 하고, 파티 리셉셔니스트도 했어요. 파티 리셉셔니스트는 화장하고 드레스 입고, 사람이 오면 게스트 리스트에 있나 없나 체크하는 일이에요. 보통 저녁 7시에 시작해서 11시에 끝나는데 10만 원 정도 받았어요.

다 그만두고 한국으로 돌아가고 싶다는 생각이 든 적도 있었을 텐데…….

지금 생각해 보면 그렇게 힘들었던 것 같지도 않지만 처음 적응할 때가 제일 힘들었어요. 그때 이미지가 아직까지 남아 있는 거 보면…….

어떤 이미지죠?

집의 모습이죠. 창문은 깨지고, 문은 안 잠기고, 바닥에는 죽은 바퀴벌레들이 깔려 있고, 냉장고에는 썩은 치즈 덩어리가 있고, 조명은 빨갛고…… 그 집 분위기가 이랬어요. 브로커부동산 중개인가 한국 분이라서 믿었는데, 집이 그 모양이었던 거죠. 계속 관리인한테 얘기하고 매일 하나씩 고쳐 나가는 게 너무 힘들었어요. 너무 답답해서 머리를 밀어 버린 적도 있어요. 바리캉 사다가 내가 밀었어요. 머리통이 예쁘지도 않고 미용

실에서 깔끔하게 민 것도 아니니까 삐죽빼죽할 거 아니에요? 나는 신경 안 썼는데 학교 친구들은 수군댔었죠.

뉴욕의 자유

내가 만난 대부분의 사람은 '뉴욕은 거친 곳'이라고 해요.

어느 도시나 많은 사람들이 자신의 목적을 위해 달리고 있으면 거칠게 보일 수 있지 않나요? 서울도 시골에서 올라온 사람이 보면 거칠게 느껴지지 않을까요? 뉴욕에는 각각 다른 특성을 가진 여러 민족이 사는데, 다르기 때문에 충돌할 수 있어서 더 거칠게 느껴지겠죠.

서울이 아니라 뉴욕에 살아 좋은 점은 뭐예요?

다민족, 다인종이 모여 살기 때문에 뉴욕을 'Melting Pot 인종의 도가니'라고 하잖아요. 난 한국에서 왔고, 스페인이나 인도, 브라질에는 가 보지 못했지만 여기서 스페인, 인도, 브라질 사람을 만나서 간접적으로 다른 문화를 경험할 수 있다는 게 큰 플러스죠. 편견도 없어졌어요. 한국에서는 한 가지 인종만 보고 살다 보니 흑인이나 중남미 사람에 대해 선입견이 있었죠. 백인은 영화에서 많이 봐 왔으니까 그나마 익숙한데, 흑인은 흑인이란 이유만으로 무섭게 느껴졌어요. 시간이 지나면서 사람은 다 똑같구나 느낀 거죠.

뉴욕은 위험한 곳인가요?

남의 일에 아무도 신경을 안 쓰니까 주의하게 되는 것 같아요. 한국에서는 어떤 사람이 다른 사람 가방을 집어 들고 가면, "도둑이야!" 하고 소

리 지르거나 그 사람을 잡으려고 하잖아요. 그런데 뉴욕에서는 남의 일엔 아무도 신경 안 쓰니까 아무도 "저 사람이 가져갔어요!" 하고 말하지 않아요. 다른 사람이 가져가든 말든 내 가방 아니니까 상관없다는 거죠. 사람들이 싸우면 말리기보다 경찰을 불러요. 반대로 한국에서는 서로의 영역을 지켜 주는 게 아예 없다는 생각이 들 때가 있어요. 현금 지급기 앞에서 앞사람과 뒷사람 간격이 아주 좁은 거 같은 것들. 뉴욕에서라면 절대 근처에 오지 않거든요.

졸업하고 한국에 돌아가지 않고 왜 여기서 계속 살게 된 거예요?

사랑하는 사람을 만났고, 서울보다 이곳이 더 편하거든요.

남의 나라에 사는 게 어떤 점이 편해요?

남의 시선을 의식하지 않고 내 시간을 많이 가질 수 있는 거요. 현실 도피적인지도 모르고, 어떻게 보면 이기적인 것일 수도 있어요. 이곳에서 편하다는 건 내가 무슨 일을 하는데 누구한테 잘 보일 필요가 없고, 정치적으로 사람을 만나지 않고 살 수 있다는 뜻이에요. 한국에서는 헤어스타일, 옷차림부터 어때야 한다는 강박 관념이 있었어요. 뉴욕에서는 최소한 행색만 가지고 내가 판정되는 느낌은 들지 않아요.

여기서는 이방인이어서 남들 시선에서 자유롭다고 느끼는 거 아닌가요?

이방인으로 사는 게 나한테 맞아요. 뉴욕에서는 내가 원하는 테두리만 선택할 수 있어요. 한국에서는 내가 원하지 않아도 만들어야 하는 관계가 있고, 그게 예의라고 해요. 교수를 하려면 돈이 많아야 하고, 강사를 하려면 교수한테 선물을 해야 하는 게 싫었어요. 물론 뉴욕도 학연이나 지연이 아예 없는 것은 아니지만 내가 어떤 능력을 가지고 있는가를 훨씬 더 중요하게 본다는 거죠.

앞으로 어떻게 살고 싶어요?

    내가 정말 해야 할 일, 길게 오래 할 일을 다시 찾고 있어요. 너무 늦기 전에 찾아야 할 것 같아요. 전공과 무관할 수도, 어쩌면 비슷할 수도 있지만 다시 그 열정을 찾는 거죠. 그래야 더 오래갈 수 있으니까. 열정!

이방인으로 사는 게 나한테 맞아요.
뉴욕에서는 내가 원하는
테두리만 선택할 수 있어요.

뉴욕,
뉴요커

뉴요커는 자기 갈 길을 선택하고, 어려움을 감수하겠노라 각오하고, 내 목소리를 잃지 않겠다고 다짐하는 사람이다. 내가 만난 김정은 그렇게 평범하고 씩씩한 뉴요커다. 그녀는 뉴욕으로 공부하러 간 유학생이 뉴욕에 어떻게 적응해 사는지 평균적인 모습을 보여 준다. 유학을 선택해 20대의 거의 전부를 보낸 뉴욕에서 그녀는 다시 새로운 출발을 하려 한다. 서른이 되고 마흔이 되어도 다시 새로운 출발을 하려는 사람의 모습은 보기 좋다. '잘난 사람'이란 '포기하지 않는 사람'인지도 모른다.